手取り18万円でも年100万円貯まる!
キャッシュレス時代に完全対応

今どき女子のための お金の育て方

りぃ

KADOKAWA

あなたにもある？ ついつい無駄遣いエピソード

100均・プチプラだからつい…

オートチャージの闇

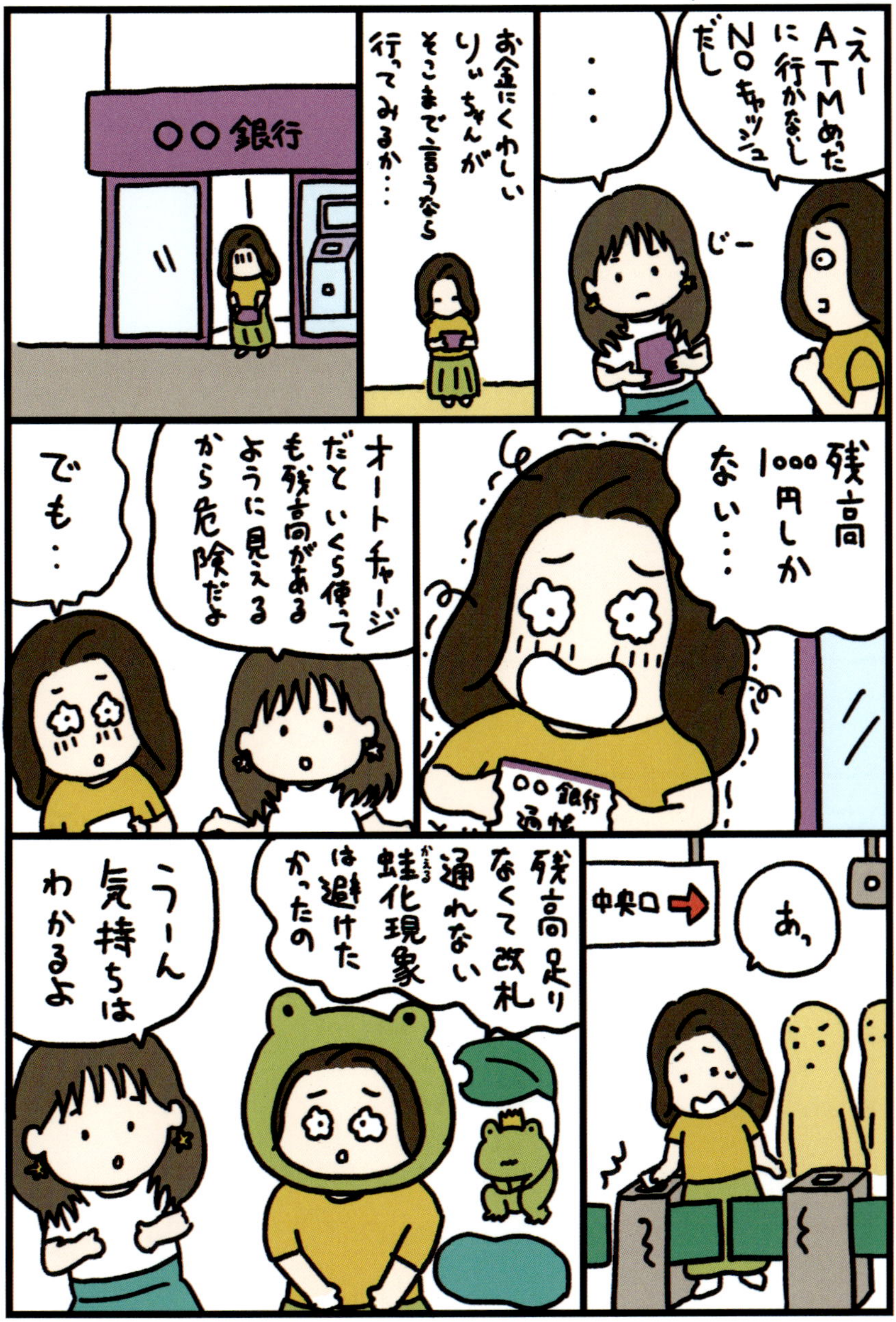
えー ATMめったに行かないし NOキャッシュだし
・・・
じー
お金にくわしいりぃちゃんがそこまで言うなら行ってみるか・・・
○○銀行
残高1000円しかない・・・
○○銀行 通帳
オートチャージだといくら使っても残高があるように見えるから危険だよ
でも・・
中央口
あっ
残高足りなくて改札通れない蛙《かえる》化現象は避けたかったの
うーん気持ちはわかるよ

コンビニで毎朝ラテ

塵《ちり》も積もれば
山となる
うっかり支出で貧乏になってる…
他にもうっかり支出ない？ー
そういえば…
コンビニで毎朝ラテ飲んでる
ビンゴ!!
ラテも積もれば
山になってた…
どうりでお金が出ていくなー
オーマイラテー。
他にも思い当たるふしが…

ポイント還元だから

ポイント還元SALE
最大30%還元
キター
祭
この波《ビッグウェーブ》に乗り遅れたらあかん!!!
ポチポチ
ちょっとまってー
必要ないものまで買ってない?
お得だしつい・・・
またうっかり支出でした・・・
サーフィンやったことないのに買ってしまった

気づけばサブスク貧乏

サブスク何使ってる？
え〜と
映像系 音楽系 読みもの系 etc
あと無料トライアルに入って忘れてたのもいくつかあるような…
それ幽霊サブスクだね
キャー
りぃちゃん驚かさないで!!
ごめんごめん
でも定期的にリストにして今使ってるもの把握した方がいいね
サブスクリスト
映像系
音楽系
読みもの
衣料品
家具
ガーン
あーこのサブスク1年くらい全然使ってないや… でもお金を払い続けていた私っていったい…
あーもったいない

お金が貯まらないぃ?!

NEWS
あー
うっかり支出女子急増しています
私の財布穴でもあいてんのかー
全然お金貯まらないよー
りぃちゃん助けてー
ちょっとしたお金管理のコツをマスターすれば
今からでも貯められるから大丈夫!!!
女神さま!
100万円
いっしょに頑張ろうね

はじめに

はじめまして。りぃです。本書を手に取っていただきありがとうございます。

私は医療職の会社員をしながら、Ｉｎｓｔａｇｒａｍを中心に、お金と投資に関する発信をしています。手取りは月18万円と決して多くはありませんが、試行錯誤しながらお金と投資の勉強と実践を続けたことで、**毎年１００万円の貯蓄ができるようになり、社会人８年目の現在、総資産は９００万円を超えるまでになりました**。お金の流れを整えて、貯蓄や投資が軌道に乗るまでにはそれなりの時間がかかりましたが、今はだいぶ形になり、心から「楽しい」「幸せ」と感じる毎日を過ごしながら、お金と上手に付き合うことができるようになっていると思います。

もちろん、ここまで来るのには紆余曲折ありました。

小学生前半まで母子家庭で育った私は、ダブルワークで一生懸命働く母の姿を見て、将来私がお金を稼いで母に楽させてあげたいと思っていました。そのため、大学生のときにはアルバイトで数十万円の貯蓄をしてみたり、メルカリ、フリマ、ポイ活、時には暗号資産（仮想通貨）などにも手を出したりしました。どうにかしてお金を増やしたかったのです。

特に大学生のころは自由に使えるお金が限られていたので、友だちとのお茶や飲み会なども回数を決めて**自分なりに節約しているつもりでした**。それでも友だちからは「りぃは節約しているようで洋服はたくさん買うよね」「飲み会にはすぐ行くよね」と言われたりして、本当に節約しているとは言えない状態でした。「お金を貯めたい、節約したい」という気持ちは強いのに、お金とうまく付き合えない。

社会人になってひとり暮らしがはじまると状況は悪化。大学を出て国家資格取得後、病院勤務になり安泰かと思っていたら、初めて就職した病院の初任給は手取り14万円。贅沢できないどころか、なんと**毎月赤字に陥ってしまったのです**。食費や光熱費だって削っているのにお金が貯まらない！　なんなら心が貧しく感じる！　心が満たされないと感じる原因はなんなのか？　そんなことを考えながら苦しんでいた時期が長く続きました。

さらに、23歳のときに出会った7歳年上の恋人との出会いが私のお金に対する価値観を大きく変えます。彼は私とは比べものにならないくらい本格的な節約家でした。でも彼が熱心に節約する姿を見て、私自身は**「使わないだけじゃ心が貧しくなる」「ケチケチするだけじゃなく、心が豊かになるお金の使い方をしたい」**と強く感じるようになってしまったのです。実際、彼とお別れした後は、節約生活から解放されたうれしさで旅行やライブなどで散財し、なんと**１００万円もの赤字を出してしまいました**。

２０２０年、新型コロナウィルスの蔓延で世界中が自粛生活を余儀なくされたことをきっかけに、私も心を入れ替えてお金の勉強を本格的にはじめることに。その内容をコツコツとインスタで発信していきました。するとたった1年で家計管理が整い、2年連続で年間１００万円の貯蓄を達成することができたのです。

私がお金の勉強をしながら考えていたことは**「心が貧しくなる節約はしたくない」「でもお金はしっかり貯めたい」**、そのためにはどうすればいいのか？　ということでした。その結果辿り着いた私なりの答えは「自分軸でお金を使う」ということです。

本格的にお金の勉強をはじめたことで、私は自分自身のこれまでのお金との付き合い方に向き合いました。そこで気づいたことは、私はこれまで節約しているようで「嫌われたくないから飲み会に行く」「おしゃれと思われたいから服を買う」「コスメやネイルは最新のものじゃないと恥ずかしい」と、**「他人目線」でお金を浪費している**ことがとても多いということでした。お金の勉強をしている今は、「歯列矯正」「脱毛」「旅行」「大切な人へのプレゼント」などしっかりお金を使っていますが、これらはすべて**「自己投資」**であり「心が豊かになる」出費です。洋服やコスメは今ももちろん大好きですが、安易に買うことはなくなり、購入前に「本当に必要かどうか」「見栄や他人の目線を気にしての出費ではないか」を考えられるようになりました。ヘアカラーやネイルも「セルフ」でできるものはセルフに切り替え、自分なりに楽しむスキルも身につきました。日用品はポイントで買えることや、流行の洋服やバッグもお得に楽しむ方法があることにも気づきました。単に節約をするのではなく**「本当に心が豊かになることだけにお金を使う」「そのために不要な出費は避ける」と思考を切り替えただけで、家計が整い、貯蓄もできて、必要な自己投資まで積極的にできるプラスのループをつくることができたのです**。

１年間で１００万円の貯蓄ができたことで自信がついて、今は貯金だけでなく、ポイ活や投資などにも挑戦して順調に資産を増やすことができています。

本書では、私のように「手取りが多くなくても、しっかり貯蓄をしたい」「なんでもかんでも節約するのは嫌」、「心が豊かになるようなお金の使い方をしたい」という方に向けて、私の実体験をたっぷりご紹介していきます。手取り18万円の私にもできたので、誰にでもできることばかりだと思います。本書を通じてひとりでも多くの方が、楽しくお金を増やしながら、お金と上手に付き合っていくヒントを得ていただければ幸いです。

大公開!

りぃの貯蓄遍歴（2016年～2023年）

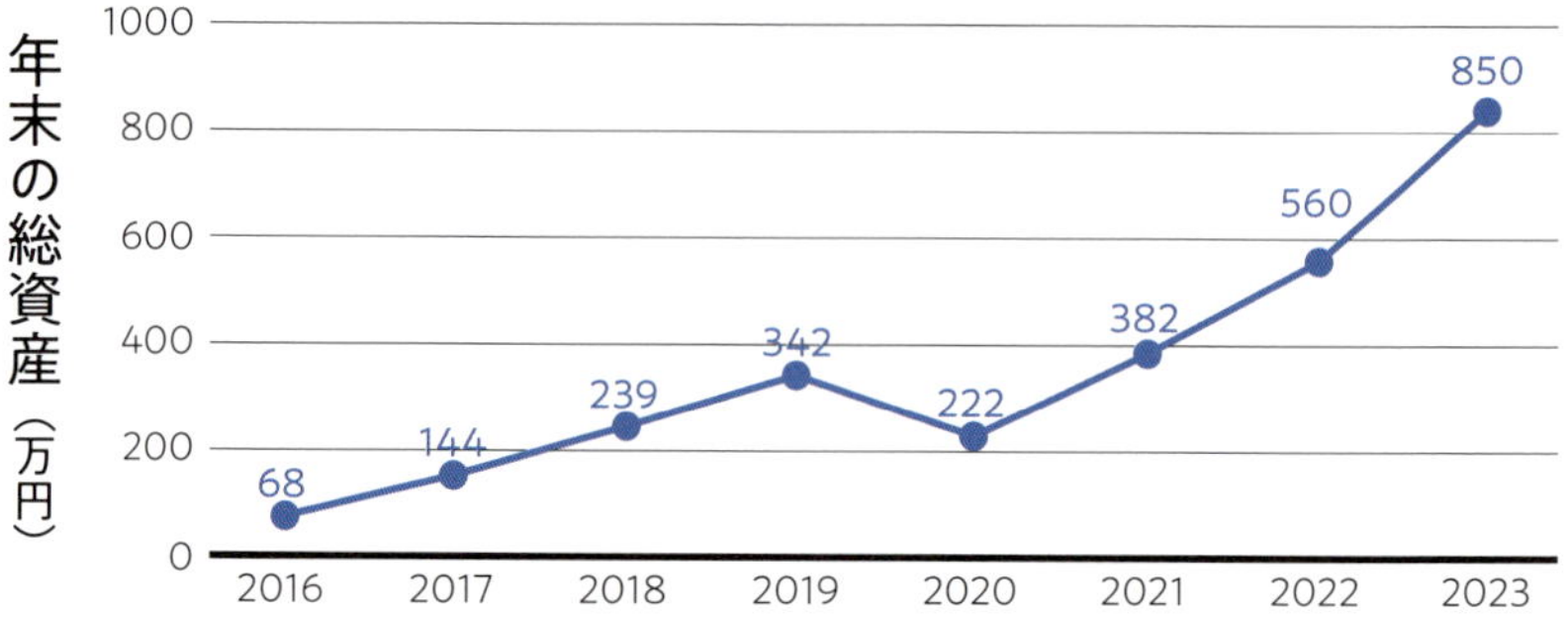

年別貯蓄エピソード

年代		年末の総資産	1年の貯蓄額	合計
2016	大学4年生	68万円	0円	
2017	入社1年目	68万円	76万円	144万円
2018	入社2年目	144万円	95万円	239万円
2019	入社3年目	239万円	103万円	342万円
2020	入社4年目	342万円	▲120万円	222万円
2021	入社5年目	222万円	130万円	382万円
2022	入社6年目	382万円	108万円	560万円
2023	入社7年目	560万円	110万円	850万円

3か月入院。骨折のせいで出掛けられず

金銭感覚が合わない彼の影響で貧乏思考になる

別れた反動でうれしくて海外に行きすぎてしまい赤字

投資開始

70万円利益

180万円利益

250万円利益

年	手取り	ボーナス（年間）	手取り年収
2021	16万4000円	60万円	256万8000円
2022	17万円	62万円	266万円
2023	18万	65万円	281万円

【株式投資について】

株式投資は市場によって変動するもので、元本が保証される金融商品ではありません。損失が発生する可能性もあります。本書によって皆さまが受ける利益や損失については著者も編集者も出版社も責任を負うことはできません。

投資をはじめる際は、ご自身の責任で注意事項や市場の流れなどをしっかり見極めて行ってください。

【免責事項】

本書はあくまでも情報を提供するものにすぎず、投資その他の行動を勧誘する目的はありません。取引銘柄の選択、売買価格の最終決定は、ご自身の判断でなさるようにお願い致します。本書に掲載されているすべての記事、データ等の提供情報について、その確実性、正確性、完全性を保証するものではありません。また、本書の提供情報を利用することで皆さまが被った金額、その他の損害について、本書および情報提供元は一切の責任を負いません。

本書内にて、他の企業、団体、機関等の第三者が運営・管理するWebサイトにリンクしている場合がありますが、本書はリンク先のWebサイトに掲載されている情報の内容およびリンク先のWebサイトの運営・管理者が提供する商品やサービスの品質などを保証するものではありません。

本書の情報は2024年9月1日までのものになります。

CONTENTS

あなたにもある？　ついつい無駄遣いエピソード …… 2
はじめに …… 8

CHAPTER 1
キャッシュレス時代の落とし穴！ 知らぬ間の使い過ぎ、どうすればいいの？

あなたはどのタイプ？　キャッシュレス時代の浪費家ＣＨＥＣＫ …… 20
お金を見直すＳＴＥＰ１　うっかり支出を徹底的に見直す …… 22
お金を見直すＳＴＥＰ２　オートチャージは禁止する！ …… 24
お金を見直すＳＴＥＰ３　銀行口座を使い分けてお金の流れを明確にする …… 26
お金を見直すＳＴＥＰ４　その浪費、自分軸？　それとも他人軸？（月末締め作業） …… 28
お金を見直すＳＴＥＰ５　心にゆとりを持つために手取り10％は浪費ＯＫにする …… 30
COLUMN　自分軸？　他人軸？　無駄を減らすためのおすすめ自己投資
～パーソナルカラー診断＆骨格診断～ …… 32

CHAPTER 2
手取り18万円でも大丈夫 この方法で年間１００万円が貯められる！

まずは生活防衛費の１００万円を１年で貯めよう！ …… 34
お金の「見える化」に着手！　自分に合う家計簿アプリを導入 …… 36

手取り18万円でも月々6万円はオート貯蓄（先取り貯蓄）しよう …… 38

手取り18万円の人でも年間100万円貯めるお金の仕分け方 …… 40

「給料日ルーティン」を毎月実施、使い過ぎを阻止する仕組みをつくろう …… 42

生活費3万5000円をどう使う？ 貯めるアイデア8選！
❶心を豊かにする浪費枠をしっかり確保しよう！ …… 44

生活費3万5000円をどう使う？ 貯めるアイデア8選！
❷外食は月に1回まで。できればランチを活用する …… 45

生活費3万5000円をどう使う？ 貯めるアイデア8選！
❸食費は月に1万〜1万5000円までに収める …… 46

生活費3万5000円をどう使う？ 貯めるアイデア8選！
❹ファッション大好き。でも、洋服は定価では買わない …… 48

手取り18万円でもおしゃれは諦めない！
安さで購入するのではなく、いいものを長く着る …… 50

洋服のリセールバリューを考える …… 51

生活費3万5000円をどう使う？ 貯めるアイデア8選！
❺コスメや日用品はポイントで購入 …… 52

生活費3万5000円をどう使う？ 貯めるアイデア8選！
❻ネイルサロンは卒業！ セルフネイルを楽しむ …… 54

生活費3万5000円をどう使う？ 貯めるアイデア8選！
❼ヘアカラーもセルフでチェンジ …… 55

生活費3万5000円をどう使う？ 貯めるアイデア8選！
❽お金を使わない休日を楽しむ …… 56

大切な人へのプレゼントは必要な投資だから惜しみなく使う …… 57
ボーナスは自己投資と貯蓄に充当し、賢く使う …… 58
ちょっとした贅沢品はふるさと納税を活用しよう …… 60
COLUMN ＳＮＳと上手に付き合うことで、貯蓄が楽しくなった …… 62

CHAPTER 3

ポイ活最前線！ ポイントは第2の資産

ポイントは第2のお金！ 貯めるだけではなく、稼ぐ・増やすが必須 …… 64
「なんとなく」は禁止！ 貯めるべきは汎用性の高い「5大ポイント」！ …… 66
ちょっとひと手間で、お得感倍増！「ポイントサイト」を有効活用 …… 68
無駄遣いはせずに、「ポイ活」を日常生活に取り入れる …… 70
ポイントをお得に貯めよう ❶ 旅行予約 …… 74
ポイントをお得に貯めよう ❷ 体験系やモニター系を活用する …… 75
ポイントをお得に貯めよう ❸ サブスクを利用する …… 76
ポイントをお得に貯めよう ❹ ゲームアプリで増やす …… 77
ポイントをお得に貯めよう ❺ 証券口座開設 …… 78
ポイント運用にもトライ！ ポイントは消費より運用の時代 …… 82
COLUMN 新ＮＩＳＡにチャレンジし、効率的にお金を増やす …… 96

CHAPTER 4

リアル投資で効率的にお金を育てよう

手取りが少ないからこそ、お金に働いてもらおう …… 98
初心者さんでも小さく少しずつはじめてみよう …… 99
大切なのは具体的なイメージ！ いくら必要なのか「目標設定」をしよう …… 100
人生の大きなイベントでいくらお金が必要か、シミュレーションしてみよう …… 101
おすすめはネット証券ってホント？ メリット・デメリットが知りたい！ …… 104
新NISAの「つみたて投資枠」で運用できたら、「成長投資枠」も活用しよう！ …… 116
投資を学ぶための近道は？ …… 118
リスク許容度の範囲で、少額からチャレンジ。失敗しても分析して勉強のチャンスに …… 120
投資をするうえで重要なのは確かな「情報収集」 …… 121
初の投資失敗談。◯万円のマイナス？ …… 123
成長投資枠での個別株の選び方
❶自分の身のまわりの企業を「推す」 …… 126
りぃの「推し株」はこちら！ 米国株を少額で楽しむ …… 128
成長投資枠での個別株の選び方
❷配当金や株主優待で選ぶ …… 136
日本独自のシステム「株主優待」ってなに？ …… 138
株主優待の注意点と、1株で優待が受けられる企業 …… 140

CHAPTER
5

月1万5000円の食費でしっかり堪能できちゃう！コスパテク＆楽うまレシピ

楽しみながら食費を抑えるための5つのポイント……144

少ない食材で大満足！　1週間レシピと買い物テク……145

月曜日　ボリューム満点なのにヘルシー　ふんわり食感のかさ増しハンバーグ……146

火曜日　味しみしみで野菜も堪能　豆腐とにんじんのチャンプルー……147

水曜日　包む手間なし！　食べ応えばっちり　油揚げ餃子……148

木曜日　お肉のうまみたっぷり！　ミートナポリタン……149

金曜日　ワンプレートで楽しめるカフェ風メニュー　ドライカレー……150

土曜日　甘辛テイストでご飯がすすむ　即席！　麻婆豆腐……151

日曜日　やさしい味わいにピリ辛アクセントがたまらない　豆腐明太グラタン……152

友だちを呼んで　おうち居酒屋を楽しもう！……153

漬けて冷凍するだけ　時短＆節約の強い味方、鶏むね肉のアレンジレシピ……154

あると便利な常備菜を週末につくり置きしておこう！……156

おわりに……158

監修：坂本綾子　デザイン：chichols　DTP・図版：Q.design　マンガ、イラスト：タナカケンイチロウ
撮影：田辺エリ　調理補助：新垣 茜　編集協力：荒原 文　編集：根岸亜紀子（KADOKAWA）

CHAPTER

1

キャッシュレス時代の落とし穴！知らぬ間の使い過ぎ、どうすればいいの？

あなたはどのタイプ？

キャッシュレス時代の浪費家CHECK

キャッシュレス時代だからついつい無駄遣いしがち。キャッシュレスだとお金を使っている感覚がぼんやりしませんか？　まずは自分がどんなタイプの浪費家なのかをチェックしてみましょう！　チェックが多いほど、浪費の原因が複数あるということに。

CHECK 1

- □ 1000円以下なら安いと思う
- □ ドリンクやおやつなど細かい支出が多い
- □ バーゲンやキャンペーンは、お得だから好き
- □ ATMの手数料は気にならない

➡このカテゴリーにチェックがひとつでもついたらラテマネー型浪費家の要素あり！

CHECK 2

- □ 財布や口座、電子マネー残高にいくら入っているかわからない
- □ お金に無頓着で家計の現状を把握できていない
- □ 整理整頓が苦手
- □ もしかすると買い物依存かも

➡このカテゴリーにチェックがひとつでもついたら無頓着型浪費家の要素あり！

CHECK 3

- □ 貯金はお金が余ったときだけする
- □ リボ払いやボーナス払い、オートチャージを利用している
- □ 購入したのに使っていないものが自宅に3つ以上ある
- □ 食材をよく腐らせる。消費期限切れで捨ててしまう

➡このカテゴリーにチェックがひとつでもついたら無計画型浪費家の要素あり！

CHECK 4

- □ 流行やトレンドに敏感
- □ 飲み会やイベントは誘われたら断れないタイプ
- □ Instagramなどで紹介されているものをすぐに買ってしまう
- □ 買い物で失敗してもフリマサイトがあるから大丈夫

➡このカテゴリーにチェックがひとつでもついたら他人軸型浪費家の要素あり！

CHECK1が多かった人　ラテマネー型浪費家さんタイプ

例えばコンビニエンスストアの100円のコーヒー。この程度の細かい支出は「無駄遣い」という罪悪感が伴いにくいもの。でも週に5日、500円コンビニで買い物をしていたら月1万円、1年で12万円とその出費は決して少なくはありません。特にATMの引き出し手数料や100円ショップでのちょこちょこ買いは馬鹿にできない出費です。バーゲンやキャンペーンだからといって、必要ないものを買ったりしがちなのもこのタイプです。

CHECK2が多かった人　無頓着型浪費家さんタイプ

財布や口座、電子マネー残高にいくら入っているかわからない人も案外多くいます。だから気軽にチャージしてしまって、その上限を決めていないと翌月の引き落としでびっくりすることに。また、クレカや電子マネーで際限なく買ってしまえることで買い物中毒になってしまった友人もいます。このタイプは整理整頓も苦手な傾向にあり、スマホの充電やバッテリーなどを複数個持っていたり、何かを忘れたらすぐコンビニで買う傾向も。

CHECK3が多かった人　無計画型浪費家さんタイプ

そもそも貯金はしていない、しようとは思っているけれど、余裕がないからしない、という考えではなかなか貯金できないのがこのタイプ。また、本当に支払えるかわからないのにクレカを使ったり、オートチャージ設定をしたりとにかく無計画。日常生活では、購入したのに使っていないものが自宅に多くあったり、食材をよく腐らせたりしていませんか？ 無理のない計画を立てられるように現状把握に努めましょう。

CHECK4が多かった人　他人軸型浪費家さんタイプ

とにかく流行りものが大好きで、映える食べものやスポットに目がない。他人から「可愛く思われたい」「おしゃれに思われたい」「リア充と思われたい」が先行して、自分が本当に好きとはいえないものにまでお金をかけている人がこのタイプです。コンビニの新作スイーツや、コスメの新作が大好きで、流行りものに目がないのが特徴。このタイプはSNS中毒に陥っている可能性も高いので、まずは自分軸を持つことが必要です。

どのタイプも、次ページから紹介するステップで、お金の流れを整えていけば浪費癖は改善できますよ！

お金を見直す

STEP 1 ◇ うっかり支出を徹底的に見直す

ＣＨＥＣＫ１のラテマネー型浪費家さんタイプに限らず、私たちは日々うっかり支出をしています。私も手取りが少ないので**「使えるお金は限られている」**と頭ではわかっていますが、１００円のコーヒーや１００円ショップだと「安いし」「これくらいなら」とついつい出費してしまうことがありました。

他にも入会したけれど**まったく使いこなせていないサブスク**など、皆さんもひとつくらいあるのでは？　入ったら入りっぱなしではなく、定期的に見直して取捨選択する必要があります。ＡＴＭの手数料もバカにできません。ウーバーイーツを頼めば配達料や手数料がかかりますし、メルカリだってどう送るかで送料が変わります。こういった数百円の出費は気にならない人も多いと思いますが、毎日１００円の不要な出費があったとしたら**１か月で３０００円、２００円なら６０００円**にもなるのです。

数百円の無駄（ラテマネー）を徹底してなくしていくことがうっかり支出と決別するコツになります。

実は怖いラテマネー

時間つぶしのカフェ
380円×月6回

仕事帰りのコンビニ
500円×月10回

気の進まない飲み会
5,000円×月2回

終電に乗り遅れたタクシー代
5,000円×月1回

なんとなく続けているサブスク
月額500円×2

見直していない携帯料金の無駄
月4,000円

月額2万7280円
年額32万7360円

無意識のちょこちょこ買いで**32万円**以上も出費していたなんて！

このくらいならと思っていても塵も積もれば山となるってこのことなのね……

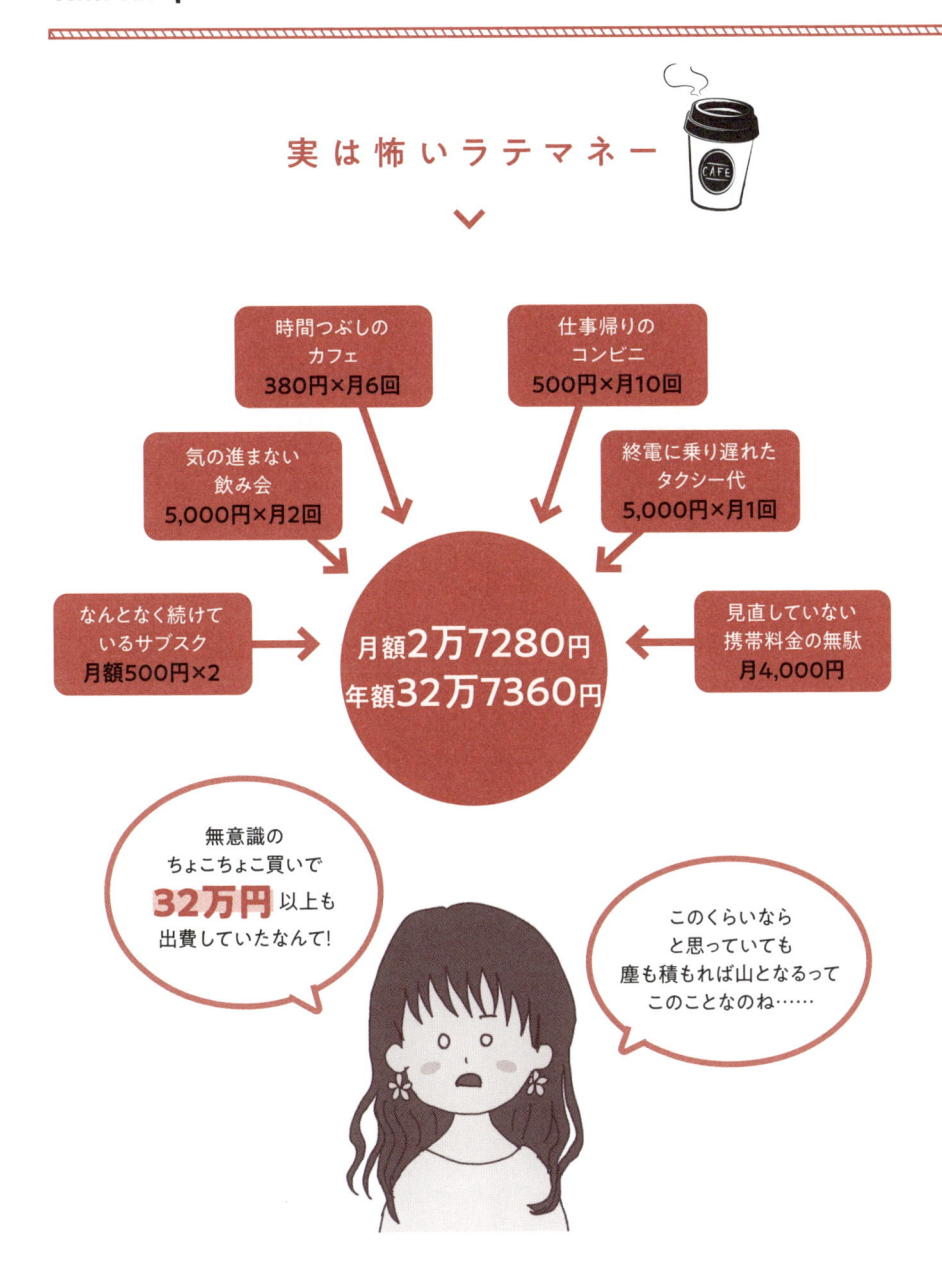

お金を見直す

STEP 2

オートチャージは禁止する！

あらゆるサービスが比較的低価格で、しかもキャッシュレスで楽しめる今の時代において、最も危険なのが**「オートチャージ」**だと私は思っています。どの浪費家タイプさんでも、オートチャージにしてしまうと支出は加速度的に増えがちです。

「ラテマネーを抑えようとしている」「なるべく安いものを選ぶようにしている」と節約しているつもりの人でも、オートチャージしていると、**今月いったいいくら使ったのか把握できなくなります。**

オートチャージにしていると、設定にもよりますが「まだまだ残高があるな」といった勘違いも起こりやすくなります。私自身もオートチャージで楽天ペイを使っていたことがありますが、「なんだ、まだこんなに残ってる」と勘違いをして「じゃ、服買っちゃおう」となり、知らない間にまたチャージされ、残高が0にならないので気がつかず、引き落としのときに血の気が引いた経験があります。電子マネーは基本設定が「オートチャージ」になっていることが多いので見直しが必須です。

オートチャージの設定、解除方法

（PayPayの場合）

Step1

まずは「チャージ」のアイコンをクリック

Step2

「オートチャージ」のアイコンをクリック

Step3

白ボタンを押してオートチャージを無効にする

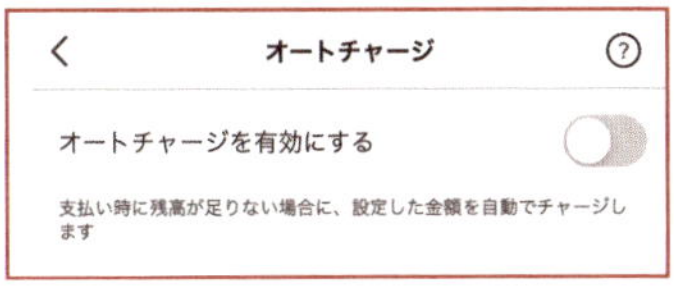

お金を見直す

STEP 3

銀行口座を使い分けて
お金の流れを明確にする

どのタイプの浪費家さんも結局は**お金の流れが見えていない**、という共通点があります。「いくら使ったかわからない」、「いくら残っているかわからない」、「いくら使う予定かもわからない」。このような状態だと、残念ですが一生お金は貯まりません。

まずは手取りがいくらあるかを確認したら、銀行を使い分けることですぐに「使えるお金」「使えないお金」を明確にしましょう。

おすすめは銀行口座を2つ用意し、「生活費用口座」と「貯蓄用口座」と目的別に給料を振り分けてしまうことです。「貯蓄用口座」はいざというときに必要になる「生活防衛費」や急な家電の故障や冠婚葬祭などに必要な「特別費」、日々の生活の繰り越し分などを貯めておくためのもので、困ったときや不定期の支出があるときにしか使わない口座になります。こちらは基本入金以外で手をつけることがないので、少しでも金利が高いネットバンクなどを利用するとよいでしょう。一方「生活費用口座」は毎月の生活費を支払う口座なので、全国のコンビニなどで引き出せることを念頭に置き、振り込み・引き出しや手数料が条件次第で無料など、お金の動かしやすさで選ぶようにします。

お金が貯まるようになる、銀行口座の使い分け方

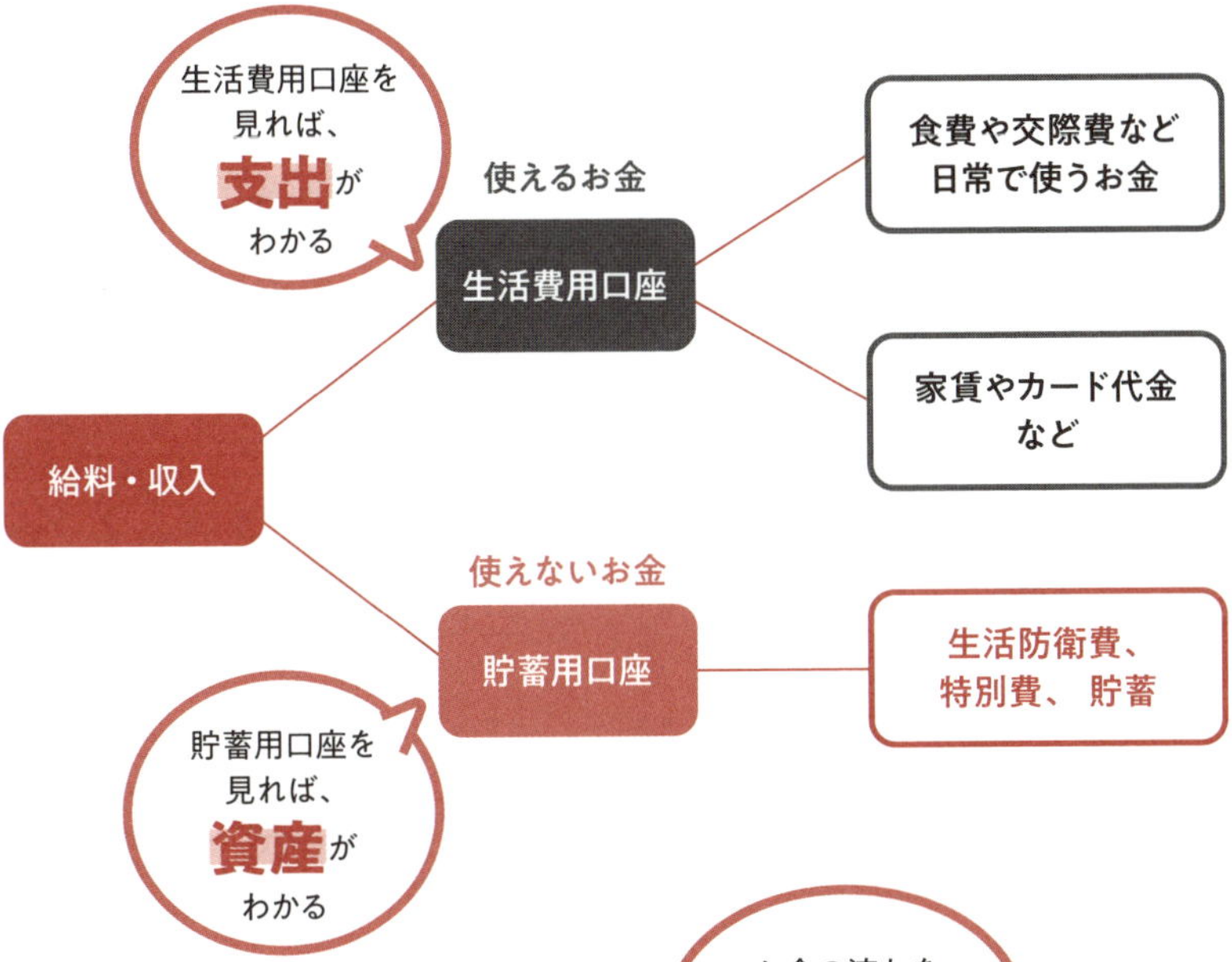

■生活費用口座……アクティブに働くお金なので、引き出し手数料や振り込み手数料の無料回数を基準に、どこの口座にするかを決める。

■貯蓄用口座……ほとんど動かさないお金なので、金利が高い銀行を選ぶ。

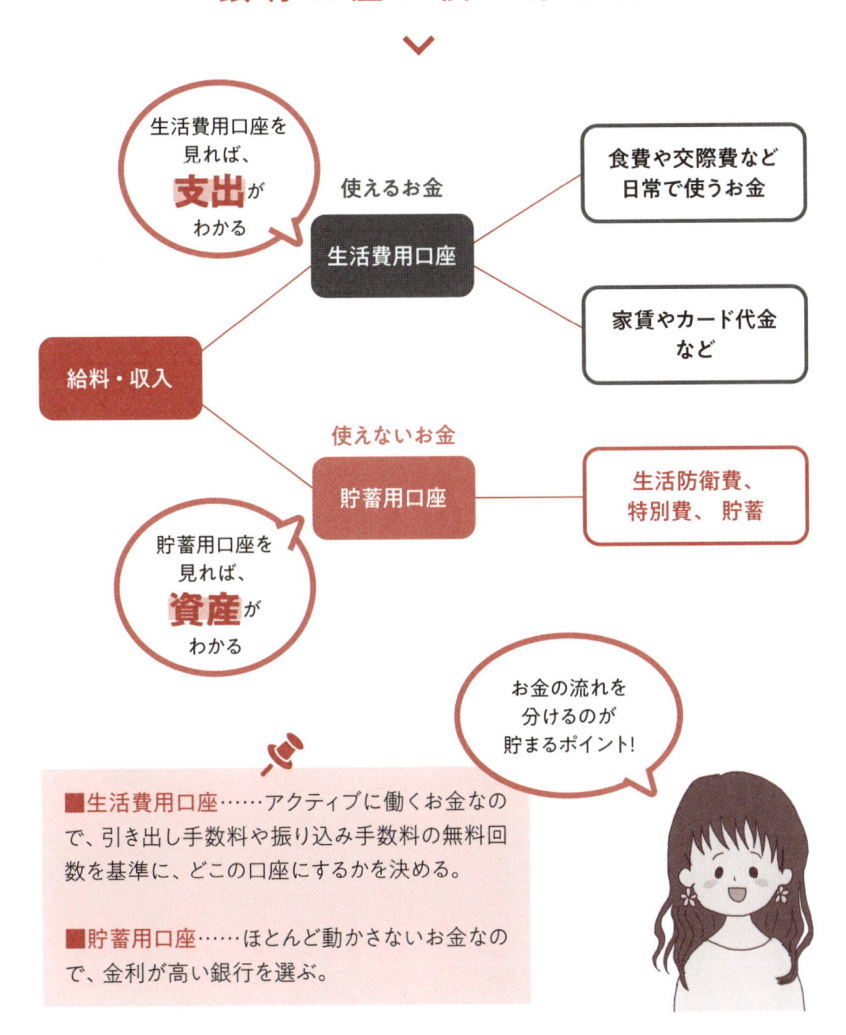

お金を見直す
STEP 4

その浪費、自分軸？それとも他人軸？（月末締め作業）

実は過去の私はＣＨＥＣＫ４の他人軸型浪費家さんタイプでした。学生時代、私自身はケチで節約している感覚があり、ずっと「苦しい」と思っていました。その一方で、「りぃは**節約しているようで**洋服はしょっちゅう買うね」とか「飲み会は断らないよね」なんて言われることもありました。要は「自分軸」でお金を使うことができていなかったのです。

「流行の洋服を着ているおしゃれな人だと思われたい」「どんな誘いにも応じるノリのいい子だと思われたい」と他人の目線ばかり気にして、自分が本当にお金をかけたいことはなんなのかを考えることもなく、ただ見栄を張っていたのです。そんな状況を脱したいと思い、自分が心から納得するものにお金を使うことを意識してから、お金との付き合いが急に良好になりました。お金の使い方を見直すには、まずレシートやクレカの明細を手にしたら、この支出は**「消費」なのか「浪費」なのか「投資」なのかを**チェックするのがおすすめです。さらに浪費については「自分軸」「他人軸」に分類し、「他人軸」の出費を減らす努力をしてみてほしいと思います。**また「自分軸の浪費」であっても、心が豊かにならなかった浪費は減らしましょう。**

簡単！支出チェック

レシートの商品名・項目に
3種類の蛍光ペンを
ぬって支出を分類!
まずは1か月からでも
やってみよう !!

消費

・家賃　・食費　・光熱費　・通信費
・交通費　・日用品費　・医療費　・税金

消費の判断ポイント

□生活費に不可欠か
□使ったお金と同様の価値が得られるか

投資

・資産運用費　・書籍費　・セミナー費
・パソコン購入費

投資の判断ポイント

□生活がよくなったか
□将来に役立つか
□金額以上の価値が得られるか

浪費（自己投資含む）

・外食費　・エンタメ費
・インテリア費　・旅費
・ファッション費

浪費の判断ポイント

□気持ちが豊かになったか
□失敗したもの
□見直せるもの

お金を見直す
STEP
5

心にゆとりを持つために 手取り10％は浪費ＯＫにする

クレジットカードの明細などを使って月に1回は自分が使ったお金について「内省」タイムを持ち、**それが「消費」「浪費（自分軸or他人軸）」「投資」のどれに該当するのかを**チェックしましょう。ただ、**「自分軸」だと思っている浪費の中でも**「よく考えると違うかも」「どちらかわからない」という浪費が見つかるはずです。

それをいちいち反省したり、毎月後悔したりするのはつらいので、私は手取りの10％は「浪費してもいい！」と決めています。つまり手取り18万円なら1万8０００円は「浪費」になってもいいと考えています。例えば、スイーツに使ってみることもあれば、洋服に使ってみることもありますし、話題のコスメを買うこともあります。

浪費といっても自分を磨くためのことやお金の知識を得るための出費は別もの。「必要な贅沢」あるいは新しい価値観に気づくための**「自己投資」**としての浪費と考えることで心に余裕が持てるようになります。

「10％の浪費」として りぃが認めているもの

○ 年数回のスターバックスコーヒーの新作はOK

特に、いちご、桃、さつまいも、ほうじ茶は必ず１回は飲むと決めています、毎日のラテマネーにせずに、年数回のお楽しみとしてキープ。

○ 紅茶と可愛いスターバックスコーヒーのマグカップ集め

自宅でお金を使わない休日を過ごす際に
必要不可欠なアイテムです。

○ 2・3か月に１回行く焼肉

やっぱり焼肉に行くとスタミナがつき、元気が出ますよね！
頻繁ではなく数か月に１回行く方が、特別感がでておいしさも倍増します！

○ Amazon Prime VideoとApple Music

よく観る韓国ドラマやアニメなどはサブスクで契約をしています。しっかり活用していますが、忙しくて観られないときは解約するなど、こまめに確認するようにしています。

COLUMN

自分軸？ 他人軸？
無駄を減らすためのおすすめ自己投資
〜パーソナルカラー診断&骨格診断〜

チークやリップ、ファンデーションなどのコスメについても私は大好きなので、ついいろいろ試したくなってしまいます。購入時は手の甲などにつけてきちんと試して「これは自分にとって必要な浪費（自己投資）！」と認識し、決断して購入しているつもりです。それでも実際に家に持ち帰ってつけてみるとなんとなく合わなかったり、過去にも同じようなコスメで失敗していたり……。特に、憧れのモデルさんが使っていると魅力的に見えるので、何度も失敗買いしています。

雑誌やSNSで見かけて「可愛いな」とか「いい色だな」、と思うアイテムの傾向はだいたい同じなのですが、実際の自分には似合わない。そんな失敗、皆さんも経験があるのでは？

洋服も同じように似合う色と似合わない色があって、自分が好きな色と似合う色は違うことがあるようです。

でもパーソナルカラー診断を一度受けたことで（1回2万8000円程度）、自分が好きな色、好きだけど似合わない色、特に好きではないけれど自分に似合う色、しっくりくる色がわかるようになり、コスメでも洋服でも「失敗した〜！」という買い物が激減しました。

一度カラー診断を受けてみると自分軸がはっきりし、無駄な浪費が減ると思います。

自分の体型に似合う服がわからないなら骨格診断もおすすめです。

CHAPTER

2

手取り18万円でも大丈夫
この方法で
年間100万円が
貯められる!

まずは生活防衛費の１００万円を１年で貯めよう！

本書は**「手取り18万円でも年間で１００万円貯蓄は最低限達成する！」**というのがひとつのテーマになっています。なぜなら「１００万円の生活防衛費」を貯められたとき、私自身が強い安心を感じたからです。

生活防衛費とはだいたい半年程度の間で必要な生活費のことを指します。例えば病気で急に働けなくなったり、勤め先が倒産したり、自然災害で住居が損壊したときなど、**「もしも」や「不測」の事態に備えて**貯めておくお金。日ごろ使う生活費でも投資用資金でもありません。

独身でひとり暮らしの場合、１か月の平均支出は15万～16万円とされています。つまり3か月分なら45万～48万円、半年なら90万～96万円程度が生活防衛費の目安になります。私の場合は結婚や大病などをしたときなどにお金がかかることを想定し、多めに見積もり、生活防衛費として１００万円を貯めることからはじめました。この生活防衛費は運用には使わず、いざというときにすぐ手元に引き出せるよう、**銀行の普通預金でシンプルに管理しておくお金になります。**

予期せぬ病気や事故、震災など…

生活防衛費があれば

- 失業しても数か月は大丈夫
- 体調を崩したとき、 治療や休養に時間とお金を使える
- 何かあったときに、 困らない

お金の「見える化」に着手！
自分に合う家計簿アプリを導入

26ページで銀行口座を使い分けて、収入を「使えるお金（生活費用口座）」と「使わないお金（貯蓄用口座）」に分類しましたが、少ない手取りで年間100万円を貯めるには、もう少しお金の使い方の仕組みを整える必要があります。その方法のひとつが**「家計簿」**です。私自身は手書きの家計簿は続きませんでしたが、アプリにしてからは今もストレスなく続けられています。家計簿アプリはたくさんあるので、いろいろ試していただき、一番使いやすいものを選ぶとよいでしょう。特に人気の家計簿アプリは左の3つになります。

【公開!　りぃの家計簿】

2021年4月（4月1日ー4月30日）	
収入	16万8638円
支出	9万6434円
残金	7万2204円

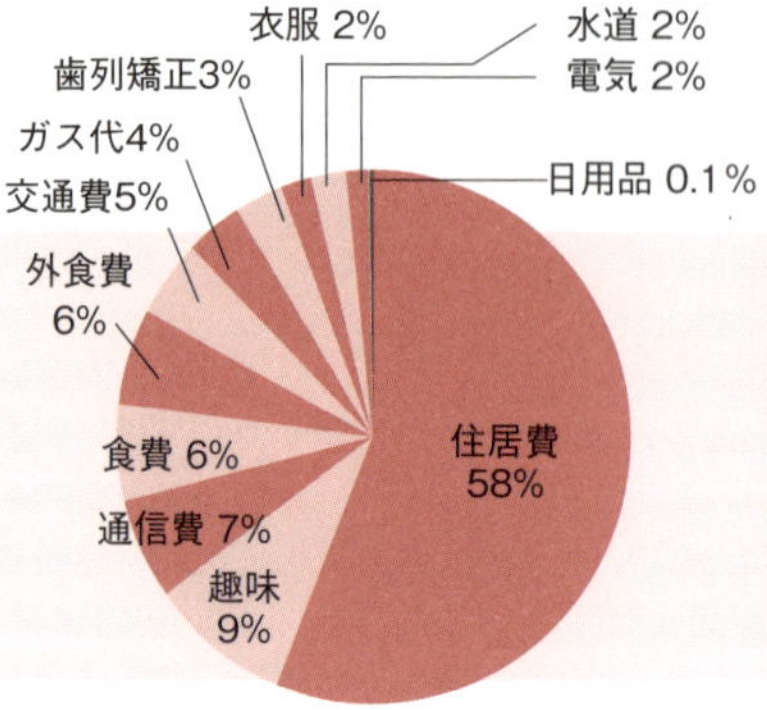

支出内訳

項目	金額	
住居費	5万4000円	固
趣味	8600円	変
通信費	6000円	固
食費	5668円	変
外食費	5540円	変
交通費	4300円	変
歯列矯正	2760円	変
衣服	2056円	変
水道	2000円	固
電気	1400円	固
ガス	4000円	固
日用品	110円	変

固＝固定費、変＝変動費

シンプル家計簿 Money Note

・毎月、 毎年の支出割合、 総資産把握がグラフで確認できる。
・金融機関との連携はないが、 自分の手で入力できるのでお金の流れを把握しやすい。
・固定費の自動入力機能がある。
・CSVやバックアップ機能も充実。
・クレカやキャッシュレスを現金と同じく手入力ができる。
・シンプルな機能が揃っていてズボラでも続けられる。

マネーフォワード ME

・クレカや銀行と連携できて何にお金を使ったのかが自動入力される。
・証券やクレカ、 銀行などあらゆるサービスと連携できて資産把握がしやすい。
・クレカ、 銀行と連携できて「何にお金を使ったか?」 が自動入力される。
・無料だと金融機関が4つまで、 過去データの閲覧は1年分（※2024年7月時点）。

OsidOri

・2人のお金、 個人のお金の両方を管理できる（ただし、 個人ページは相手に見えない）。
・目標貯金機能がある。 家族貯金にも最適。
・無料版だと過去半年分のデータしか見られず、 金融機関も１アカウント５件（2人で10件）、 銀行データ更新も月3回まで（※2024年7月時点）。

右の表を見ると、 収入が約16万8638円に対し、家賃などの固定費は6万7400円。 変動費が2万9034円なので、 支出総額は9万6434円になります。 残金分7万2204円は「使えないお金」 として貯蓄に回しています。 収入に対して「使えないお金」 は支出として「先取り」 し、 貯蓄用口座に移してしまいます。

手取り18万円でも月々6万円は オート貯蓄（先取り貯蓄）しよう

「生活防衛費１００万円」を貯めることは、手取り18万円でも努力次第で可能です。まずは月々6万円の貯蓄を確実に行いましょう。

6万円の貯蓄を12か月連続で行うこと。これだけで72万円になります。残りの28万円はボーナスを充当します。これで１００万円の貯蓄が達成できます。

とはいえ人間は弱い生きもの。「ある」と思うとつい使ってしまいがちです。このような事態を防ぐためにも、**オート貯蓄（先取り貯蓄）は絶対やるべき**です。手取り18万円の方なら、月12万円で生活すると決めましょう。そうすれば残りの金額はオート貯蓄にまわすことができるので、毎月6万円が自動積立となり、気がついたらお金が貯まっているという状況をつくり出すことができます。

年間１００万円貯蓄ができると、家計管理にも自信が持てるようになります。資産は**「稼ぐ、貯める、増やす」の順番で育てることができます**が、「貯める」の部分ができるようになるだけで貯蓄のスキルだけでなく、お金を減らさないスキルが身につき、雪だるま式に資産が増えます。

先取り貯蓄でお金が貯まる体質になろう

○　収入 － 貯蓄 ＝ 支出

貯蓄分を先に確保してまう
「先取り貯蓄」なら
確実にお金が貯まる

×　収入 － 支出 ＝ 貯蓄

「残ったお金を
貯蓄しよう」
という考えでは、
お金は貯まらない

手取り年収260万円でも
年100万円貯蓄できる（モデルケース）

手取り年収260万円の内訳

月収	手取り18万円×12か月＝216万円
ボーナス	手取り22万円×２回　＝44万円

毎月の積み立て貯蓄

6万円 × 12か月 ＝ 約72万円

＋

ボーナス時の貯蓄

14万円 × 2回＝ 約28万円

＼GOAL／
目標額100万円

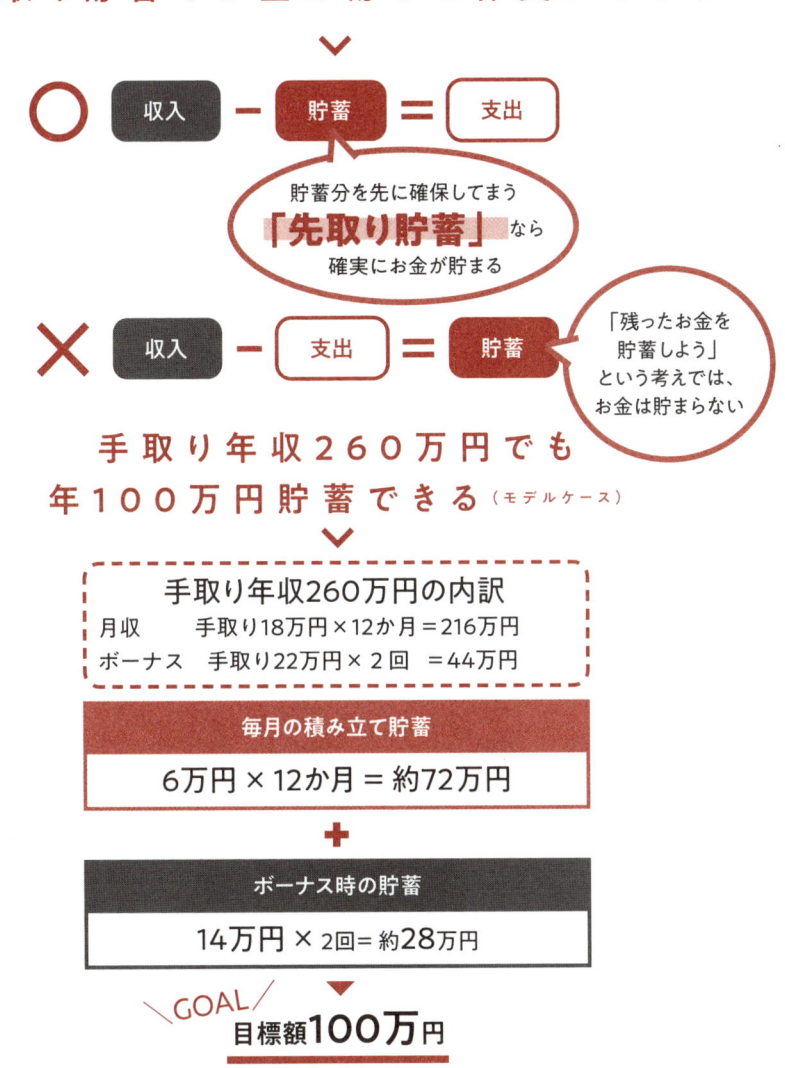

手取り18万円の人でも年間100万円貯めるお金の仕分け方

先ほど私自身の過去の家計簿を公開しましたが、家賃が安い、光熱費も安い、と感じられた方もいるかもしれません。確かに私は地方在住なので、住居費が抑えられていますが、都会に住む方に向けて再現性のある内訳パターンをご紹介したいと思います。

まずは「使わないお金」として①「生活防衛費用貯蓄＝6万円」「家賃＝7万円」「水道光熱費とスマホ代を1万5000円」と考えます。

すると「使えるお金」として3万5000円残りますが、「食費が1万5000円」「交際費を1万円」「浪費（自己投資）を1万円」と考えるとよいと思います。「自分のための浪費（自己投資）を1万円」取っておくと、これだけで精神的にゆとりができるはずです。

また、この浪費の1万円と交際費の1万円については「本当に良い使い方だったな」「これは来月は不要だな」と、毎月内省しながら使うようにしましょう。

内省し、次月は失敗を繰り返さないように行動を変えることで、**自分の幸せなお金の使い方に対する価値観が育ちます**。

手取り18万円のお金の仕分け例

月収
手取り
18万円

- 使わない、使えないお金
  - 家賃　7万円
  - 水道光熱費 スマホ代　1万5000円
  - 貯蓄　6万円
- 使えるお金
  - 自己投資　1万円
  - 交際費　1万円
  - 食費　1万5000円

内省→失敗（無駄遣い）の洗い出し
→次月の行動目標と計画→行動変容→貯蓄

＝

幸せなお金の価値観

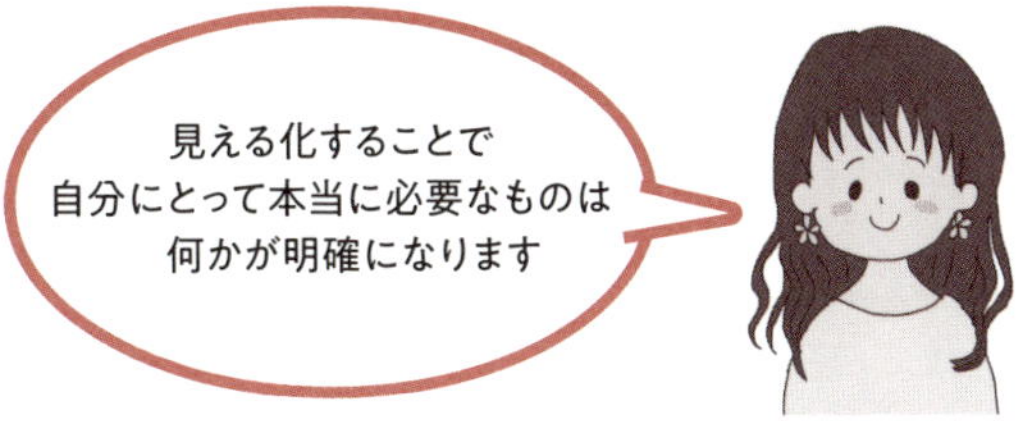

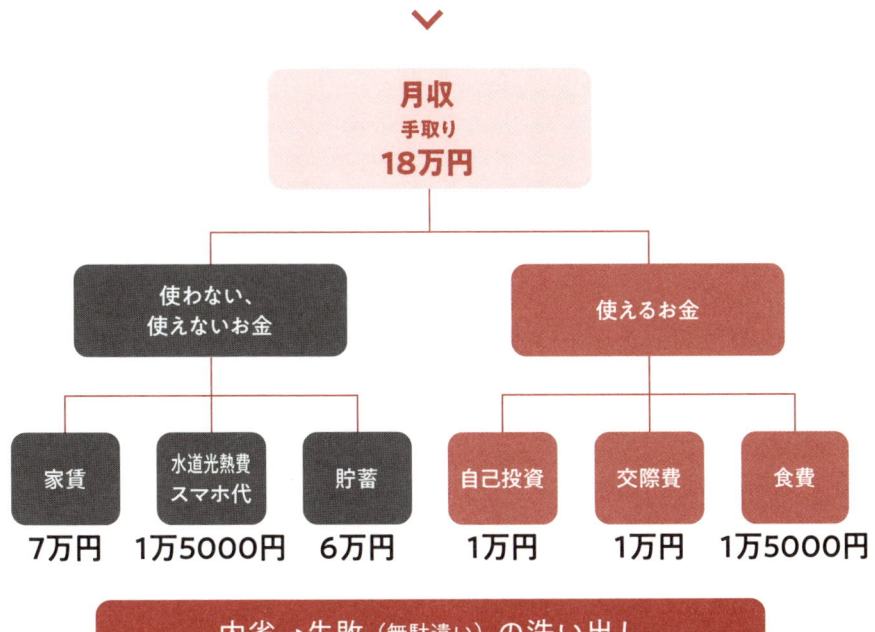

「給料日ルーティン」を毎月実施、使い過ぎを阻止する仕組みをつくろう

お給料が振り込まれたらすぐに**銀行から全額引き出し、お金の使い道ごとに事前に銀行に振り分けてしまう、というのが「給料日ルーティン」**です。

私の場合、生活防衛費が貯まるまでは、給料が振り込まれたら全額引き出し、食費以外のお金は、すべて生活費用口座（楽天銀行）に入金していました。生活費用口座は、文字通り生活費を入れておく口座なのでさまざまな引き落としがあります。一方で、生活防衛費は毎月6万円を先に貯蓄用口座（あおぞら銀行）に入金していました。

現在は生活防衛費が貯まっている状態なので、生活費用口座に入れたお金から毎月5万円は自動的に「投資用口座（住信SBIネット銀行）」に投資用の資金として送金される仕組みにしていて、これが後ほどCHAPTER4でお話しする資産運用の資金になっています。

楽天銀行の預金残高は、毎月使い切って残高0になるわけではないので、余ったお金がある程度貯まったら定期的に貯蓄、つまり貯蓄用口座のあおぞら銀行に入金しています。

生活防衛費が貯まるまでのお金の流れ

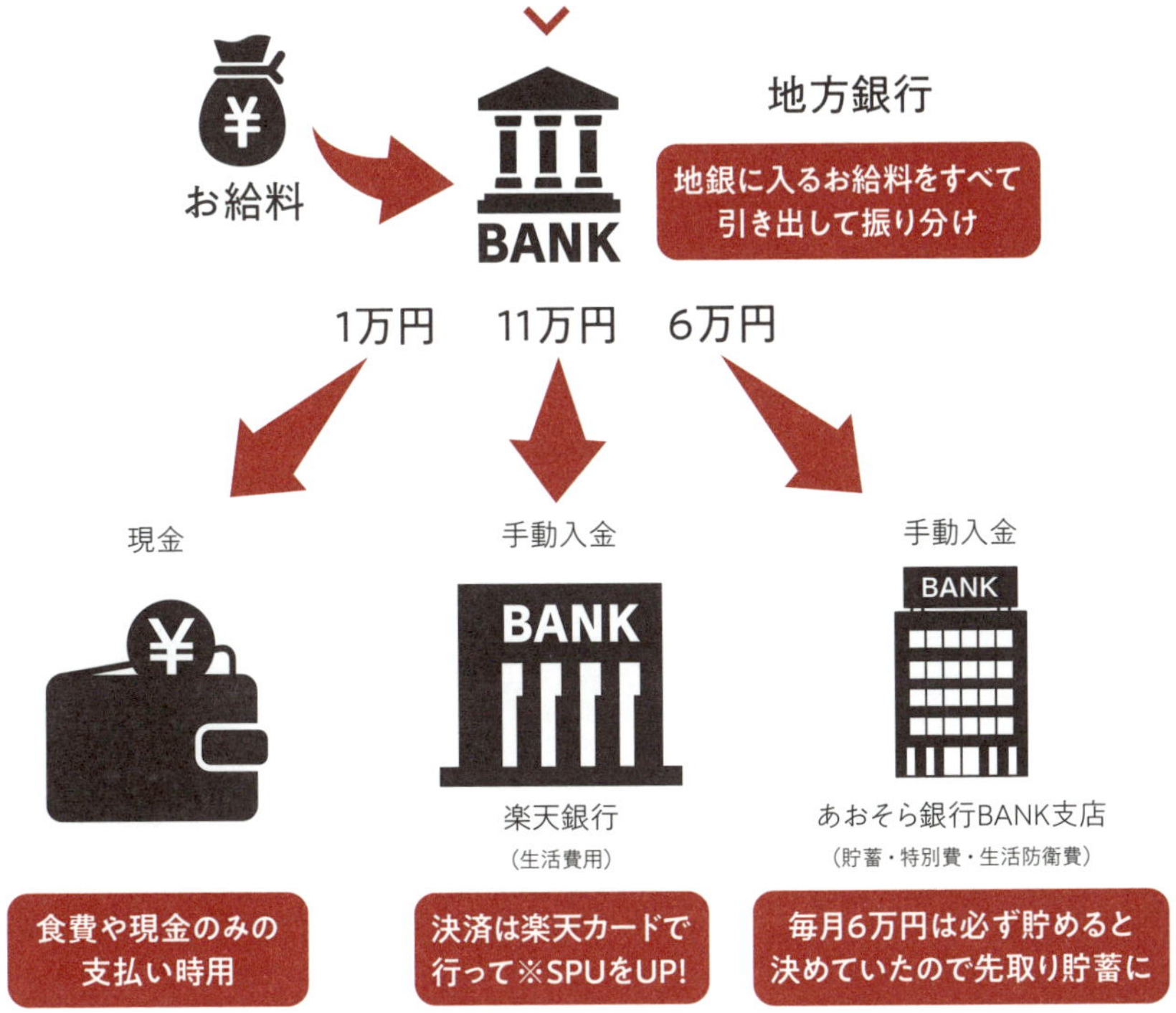

今後かかるお金を事前に書き出して、 お金を使いたいことに優先順位をつけて予算立て！ 使ったお金がアプリに反映され、 その月の利用額が適宜確認できるのはキャッシュレス生活のメリット♪

※「楽天スーパーポイントアップ」プログラムのこと

1 心を豊かにする浪費枠をしっかり確保しよう！

ここからは手取り18万円で「生活費として使えるお金」を3万5000円と仮定して話を進めていきます。先ほど食費に1万5000円取っておきましたが、**私自身は自炊と職場へのお弁当・水筒持参を徹底し、食費を毎月1万円以下に抑えました。**その分「浪費枠」を設け、なるべく自分自身の中で「節約」という言葉や感覚を持たないように意識しました。20〜21ページで4つのタイプの浪費家についてご紹介しましたが、どのタイプも共通してお金とうまく付き合えず、日ごろストレスフルな生活をしているはず。私も学生時代にアパレルでアルバイトをした経験があるのですが、そこでは「夜勤明けの女性は洋服を購入しやすい」と言われていました。頑張って仕事をしている女性ほどストレス発散のために散財しがちな傾向にあるからです。

それなら最初から「浪費枠」をつくっておけばいいのです。そうすれば1万円前後のお金は自由に使えます。カラオケでもスイーツでも、好きに使っていいのです。使ったときに**「ああ、いい使い方ができた！」**と思える浪費なら心が豊かになります。しかし、**ただの無駄遣いにならないよう、浪費に対する毎月の内省は必ず行いましょう。**

生活費3万5000円をどう使う？貯めるアイデア8選！

2 外食は月に1回まで。できればランチを活用する

食費を抑えるために「お弁当」と「水筒」は必須です。お弁当づくりは慣れれば10分以内でできますし、水筒を持参すれば飲み物代を節約できます。ランチ代が仮に1回1０００円なら、ランチだけで1か月に約2万円も使うことになります。以前は私も毎日のように自販機で飲み物を購入していましたが、1本1００〜13０円くらいするので、1か月あたり26００円程度の出費になっていました。

また、私の場合は**「ひとりのときには外食はしない」**と決めています。「友人に誘われたら原則外食ＯＫ」ですが、それも自分が本当に参加したい食事会なのか、自分軸で考えて決めています。「なんとなく」や「とりあえず」という会食なら参加せず、仲の良い友だちとは外食するだけでなく家に呼んで**ホームパーティーにするなどして楽しむ**ようにしています。そうすることで外食は、だいたい**月1〜2回程度に抑えることができています**。

また**外食はできればランチにするのがおすすめ**。ランチ限定のお得なセットなどがあるので、ディナーよりも安く食事を堪能できます。さらに、**グルメモニター**を利用すれば、流行りのお店をチェックしながらより、お得に外食を楽しめますよ。

3 食費は月に1万〜1万5000円までに収める

食費（自炊費）は月に1万〜1万5000円までを目標にしましょう。

食費の浪費を減らすポイントは**「買い物は週に1回しか行かない」**こと。近所に格安スーパーがあるなら、そこで購入することにします。スーパーによっては2リットルのお水も100円以内で購入することができます。食材は**「週に1回の格安スーパーで」「事前にある程度、1週間の献立を決めて」「1週間で使い切る分だけを購入」**します。そうすれば平日に余計な食材を買うことがなくなり、使い切れずに腐らせてしまうといったロスも改善できます。

他にも**「割高なコンビニで食材や食品を買わない」「お菓子などの間食はなるべく少なく」「温かい飲み物を飲むようにする（満腹感がアップする）」**などを心がけると、食費のウエイトをグッと下げることができます。

ただし、健康的な食生活にするため、たんぱく質やビタミン・ミネラルが摂れる食材は意識的に選びます。例えば納豆やキムチなどの発酵食品、そして旬の野菜などは積極的に購入するようにしています。

超おすすめ! 食費を月1万円前後に収めてくれるスタメン食材

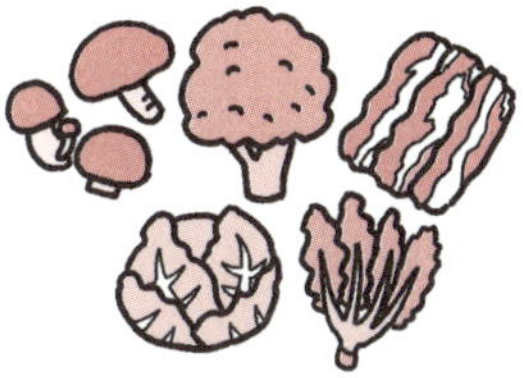

私が必ず購入するスタメン食材はこれ

鶏むね肉・ツナ缶・にんじん・玉ねぎ・ブロッコリー・きのこ類・豆腐・キムチ・納豆・豆乳・卵

・きのこ
・ブロッコリー
・ぶたばら

安いときに買う食材はこれ!

豚ひき肉・豚バラ・キャベツ・白菜・ほうれん草・じゃがいも

食費節約のためのお役立ちポイント

- □ ストック過剰にならないように、買い物の直前に必ず冷蔵庫をチェック!
- □ 何を買うかリストアップして、それ以外のものは理由がない限り買わない
- □ 週に1度副菜になるおかずをつくり置き
- □ ご飯は1度に5合炊いて小分けにし冷凍。時間と電気代を節約
- □ 鶏肉などは格安スーパーでキロ単位で購入し、小分けにして冷凍して活用

おすすめ
レシピはCHAPTER5で
紹介します

4 ファッション大好き。でも、洋服は定価では買わない

私が一番浪費しがちなのが「洋服」です。でも**ネットショップやフリマサイトを活用**することで支出を抑えています。

ポイントは**洋服を定価で買わない**こと。新作で欲しい服があってもすぐ購入するのではなく、「楽天スーパーセール」や「楽天お買い物マラソン」を狙います。「スーパーセール」は年4回「マラソン」は月に1～2回ほど開催され、買い回りでお得なポイント還元が受けられます。さらに「楽天スーパーDEAL」の商品であれば、**最大50％のポイント還元**が受けられるのです。例えば通常5000円のトップスを楽天市場で購入した場合に付与されるポイントは通常1％からなので50ポイントになりますが、「楽天スーパーDEAL」では支払額の10％から最大で50％のポイントバックが受けられます。同じ5000円の商品でもポイント還元率が最大50％なら、2500ポイントGETできるのです！「買い回り」と「楽天スーパーDEAL」は**楽天会員なら誰でも使えるサービス**なので、ぜひ活用しましょう。

ちなみに「楽天スーパーDEAL」ではアーバンリサーチ、シップス、ユナイテッドアローズ、スナイデルといった人気のブランドも対象になることがあります。また、家電やコスメ、グルメ、日用品など需要が高いジャンルの商品も「楽天スーパーDEAL」で購入できることがあります。

もし「楽天スーパーDEAL」で欲しい服が対象になっていなかったら、次に狙うのがメルカリなどのフリマアプリです。品番などがわかっていれば簡単に検索できますし、未使用なのに値段はグッと抑えられているケースもあります（偽物には注意を！）。

洋服については**正規価格→店頭セール→「楽天スーパーDEAL」または「フリマアプリ」**の順番でプライスダウンが期待できます。なので、私は「楽天スーパーDEAL」と「フリマアプリ」で比較し、お得な方で購入します。定価で購入することはありません。どうしても欲しい場合でも楽天ポイントを活用します。

もちろん洋服はなるべく丁寧に取り扱い、**新しい服を購入する際は手放す服を決めて、後者はフリマアプリで出品するか誰かにお譲りします**。洋服は**「ひとつ買ったらひとつ手離す」**をマイルールとし、ひとつのポジション（下着、トップス、アウターなど）に1～3点までなど所有する枚数を固定して、衣装持ちにならないように管理しています。

手取り１８万円でもおしゃれは諦めない！　安さで購入するのではなく、いいものを長く着る

以前の私は、プチプラの服をどんどん買って「安いから雑に扱ってもいいや」と、大事にしない傾向がありました。実際、あまりに安い洋服はやっぱり数回の着用や洗濯で、生地がよれたりほつれたり、色褪せしたりして長持ちしませんでした。

そう考えると、たとえ２０００円という安値で購入できたトップスでも、２回しか着られなかったら着用単価１０００円になります。それなら、７０００円や８０００円するトップスでも、長い年数にわたって何度も着用できるもののほうが、結果的にはずっと安くなります。

洋服は価格よりも
5年単位で何回着るかを考えましょう。
重要なのは購入時の定価よりも、
着用回数に対するコスト

洋服のリセールバリューを考える

洋服を購入する際には、後でフリマアプリで売るときのことも考えるようにしています。特に購入を迷うアイテムであれば「この後、フリマアプリで売れるかな？　売れないかな？」と一旦考えてみるのです。「売れる」と確信ができるものは思い切って購入。

出品すれば必ず売れるというわけではありませんが、ユニクロ・GU・無印良品などの定番ブランドの場合、**「リセールバリュー（再販価格）」**が高く、いい値段で売れることが多いのでおすすめです。そのため、多少高い買い物になったり、数回着て飽きてしまったとしてもリセールバリューを差し引けば、着用単価は下がるので、コスパがよい買い物になります。もちろん、ユニクロ・GU・無印良品は購入前に一度フリマアプリで検索するのもお忘れなく。定価より少し安く未使用品が手に入る可能性があります。

これ以外のブランド品でもリセールされているかをチェックすると、万一あまり着ない、他に欲しい服が出た、というときに「リセールできる」安心感があるので思い切って購入することができます。ちなみに**私の理想の着用単価は500円前後です。もちろん、気に入ったものは本気で着回してリセールは考えません。**

5 コスメや日用品はポイントで購入

以前の私はコスメも「デパートで販売されているブランドのコスメ（通称デパコス）がいいに決まってる！」とブランドで選んでいた時期がありました。ですが、自分軸でお金を使うようになってから「プチプラでいいもの」を使うようにしています。実際使ってみると「発色」や「持ち」のいいものも多くあるので、最近はドラッグストアで探し購入しています。**私はウエルシアをよく活用しているのですが、韓国コスメもバリエーションが豊富に揃っているのでおすすめ**です。どうしても欲しいデパコスがある場合は「ポイ活でその分のポイントを稼いだら現金購入もＯＫ」と、ルールを決めています。

ただし、化粧品は肌に直接つけるものなので、偽物などのトラブルを避けるためにも、フリマアプリでは購入せず必ず正規店で買うことにしています。

また、ほとんどのドラッグストアでポイントシステムが導入されているので、**日用品は「ドラッグストアで月1回購入」というルールを決め、ポイントを貯めて買う**、をルールにしています。

ドラッグストアで効率よく支出を抑えよう

ドラッグストアでお買い物するメリット

- ☑ 化粧品や医薬品はもちろん、「食料品」も安い
（生鮮食品を除く日配品や冷凍食品、PB食品が狙い目!）
- ☑ アプリ会員限定のクーポンサービスが充実している
店舗によってはポイント増量や独自のキャンペーンが豊富

ドラッグストアのポイントをお得に貯める方法

- ☑ ドラッグストアのポイントカード（アプリ）は必ずつくる
- ☑ よく行くドラッグストアは１～２つに絞る
- ☑ 自分が使うドラッグストアの特売日やポイントデーを頭に入れ、その日に買い物をする
- ☑ 二重取りできるポイントは必ずGETする
（ドラッグストアの独自ポイントと、dポイント、Vポイントなどをダブルで）
- ☑ 日用品メーカー独自のポイント還元キャンペーンも活用する

6 ネイルサロンは卒業！ セルフネイルを楽しむ

私はInstagramのフォロワーさんからよくネイルを褒めてもらえるのですが、実はセルフネイルです。「セルフでもネイル代がもったいない」と感じる方もいると思いますが、私にとっては**優先順位が高い自己投資**。仕事や家事のモチベーションが上がるので、欠かせません。ただ、ネイルサロンに通うと、月1回だとしても1回5000～7000円はするので、1年で6万～8万4000円ほどの出費になってしまいます。

そこで思い切ってジェルネイルキットを購入し、セルフネイルにチェンジしました。いざセルフネイルにしてみたらメリットがいっぱい！　まず、サロンを予約する手間がなくなり、自分の好きなタイミングでネイルカラーがチェンジできるようになりました。また、セルフだと1本だけサッと自分でリペアすることができるので、コストだけでなく、時間の無駄も減らせます。**今では月に1回のセルフネイルの時間がリラックスタイムであり、趣味の時間でもあります**。シンプルなジェルネイルなら誰でも簡単にできますよ。

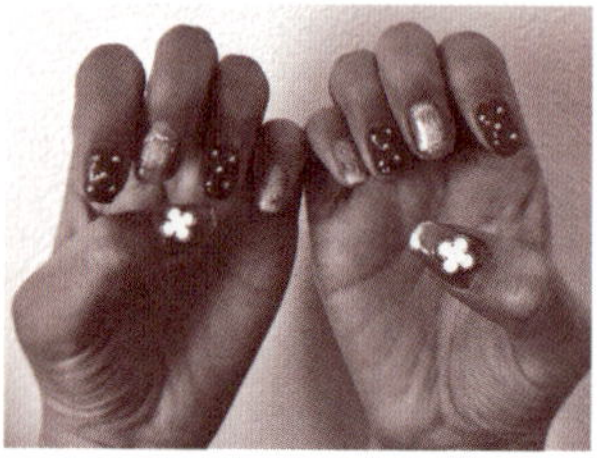

生活費3万5000円をどう使う？ 貯めるアイデア8選！

7 ヘアカラーもセルフでチェンジ

美容院代も私にとっては固定費です。私は黒髪が似合わず茶髪派で、試行錯誤した結果、一旦は**3か月に1回のカット&カラーで落ち着いていました**。でもどうしてもクーポンで安いサロンを探してしまうので、合わないサロンに当たってしまうリスクを避けられず、初回で失敗がないサロンに落ち着きたいと思っても2回目以降は値段が高くなることがほとんど。何より私は美容師さんと話すのも苦手で、なかなか落ち着きませんでした。

最近はＷｅｂ診断で自分に似合うカラーや髪質にあったカラー剤を選べる商品が出ていて**セルフカラーでもサロンと遜色ない仕上がりにできます**。私もそういった商品を選んで、セルフカラーを取り入れるようになりました。

また私自身ロングヘアで、サロンでカラーをすると2時間近くかかってしまいますが、セルフなら1時間くらいで完了するのでタイムパフォーマンスもよいです。

他にもまつ毛ケアやフェイシャルケアなど、美容にはお金がかかりますが、自分でできることは自分でやろうと思っています。

8 お金を使わない休日を楽しむ

友だちや仲間と過ごす休日もよいですが、ひとりの休日なら、お金をかけずにそれでいて心が豊かになる時間の使い方ができます。**月に1～2回はひとりの休日を確保するのがおすすめ**です。

［ひとりの休日こそお金も心もチャージ！　おすすめの過ごし方］

・図書館でゆっくり読書三昧
・サイクリングでお金をかけずに運動とリフレッシュ
・Instagramに投稿。リールや画像を作成
・YouTubeを見ながら筋トレすれば、ジムに行かなくてもOK
・ネイルや運動しながら自宅で映画鑑賞

ひとり時間を楽しむことで、自分磨きや気分転換もしっかりできます。もちろん、ひとり時間をお金の勉強にも充てています。

大切な人へのプレゼントは必要な投資だから惜しみなく使う

私が自己投資だと考えるお金の使い方のひとつに「家族や友人へのプレゼント」があります。大切な人に感謝の気持ちを伝えることは惜しみたくないからです。プレゼントは期間限定ポイントなどを活用することもありますし、そこまで高くないものでも手書きのカードやお手紙を添えて心を込めて贈るようにしています。

レシートや明細を確認しながら支出の振り返りをするとき、プレゼントについて後悔したことがありません。相手の喜んだ顔を思い出してうれしい気持ちが蘇りますし、またお仕事を頑張ろうと思えます。

■大切な人へのプレゼントも工夫してお得に購入！

【友人の誕生日】 デパコス→ポイ活で貯めた商品券や期間限定ポイントを使う

【結婚や出産祝い】 カタログギフトを楽天セールのタイミングで購入

【両親】 母には「お花」、父には「ビール」を楽天セールのタイミングで購入

ボーナスは自己投資と貯蓄に充当し、賢く使う

ありがたいことに、私は年に2回のボーナスで合計60万〜65万円程度いただくことができています。少なくともボーナスの30％は貯蓄に回したいので、18万円は先取り貯蓄しています。ただ、年間100万円の目標で月々6万円貯蓄しているなら、ボーナスから28万円回す必要があります。そのあたりは自分の予算と目標に合わせて調整してください。

私は**「貯蓄」以外に「投資」「浪費（自己投資を含む）」と、ボーナスの使用用途を3つのカテゴリーに分類**してしまいます。浪費の中でも「自己投資」は、例えば「歯列矯正」や「脱毛」などが含まれます。「資格取得」「勉強にかかる費用」「旅行」なども自己投資です。また「資産運用」は「投資」として分けています。毎月のやりくりからでは出費しきれない自己投資のための浪費や、満足度を高めてくれるコスメや洋服、アクセサリーなどの費用はボーナスから振り分けるようにして、ボーナスの中でも10％までの浪費ならＯＫとしています。

ボーナスの内訳目安

1. 貯蓄は30%（60万円なら18万円～）
2. 自己投資60%（60万円なら36万円～）
3. 浪費10%（60万円なら6万円～）

りぃがやってよかった自己投資ベスト3

○ 1位　歯列矯正：顎変形症なので保険適用で歯列矯正することができました。

私の場合、噛み合わせが良くなって頭痛の頻度が減り、自分の笑顔に自信が持てるようになりました。将来の歯周病リスクを考えると、思い切ってやってよかったです。

○ 2位　海外旅行：20代最後の記念にヨーロッパを16泊17日のひとり旅へ。

フランス、マルタ、クロアチア、ハンガリーを回って航空代は23万円、ホテル代23万円、食費（1日2食）12万円、観光7万5000円、合計約65万円。景色や食などあらゆる面で新しい経験ができ、一生の思い出になったので、後悔はありません。

○ 3位　脱毛：医療脱毛をしました。

初期投資が大きいけれど、その後の効果持続時間が長いことは幸せの持続時間も長いということ。コスメやスキンケアはプチプラでもOKだと思いますが、コンプレックスを払拭できる脱毛や美容医療などは投資する価値があると思います。

ちょっとした贅沢品は ふるさと納税を活用しよう

ふるさと納税とは**欲しい返礼品**や**応援したい自治体を選んで寄付ができる制度**。自己投資負担金2000円を超えた分は税金の控除が受けられ、寄付した自治体からは寄付金額の30％以内に相当する返礼品が送られてくるという制度です。

ふるさと納税は、収入や家族構成などによって控除される上限額が変わります。**納税上限額をオーバーして納税すると負担額が増えてしまう点は要注意です**。各ふるさと納税サイトにある計算シミュレーションで、自分の控除上限額の目安を調べてみてください！

りぃがもらった返礼品紹介

私はふるさと納税では食事や生活をちょっとリッチにしてくれるものを選ぶようにしています。

いずれも冷凍保存や長期保存しておけるものですが、自分で買うのはちょっと勇気がいるものばかり。

他にも神奈川県愛川町のLUSHのバスボムやシャワージェル、愛知県名古屋市のReFaの商品などもおすすめです。佐賀県有田町では可愛い有田焼のお皿がもらえるので、おうちご飯が楽しくなります。長野県駒ヶ根市の返礼品にはヘアケアで人気のラブクロムのコームやドライヤーなどもあるので、自分の好みで返礼品を探してみるのも楽しいですよ。

返礼品	場所
ホタテ	北海道紋別市
いくら	北海道白糠町
エビ	福井県敦賀市
豚肉	宮崎県都城市
乳製品	北海道音更町
サーモン・ハラス	千葉県勝浦市
ハンバーグ	福岡県飯塚市
鶏肉	宮崎県川南町

（※2024年7月現在）

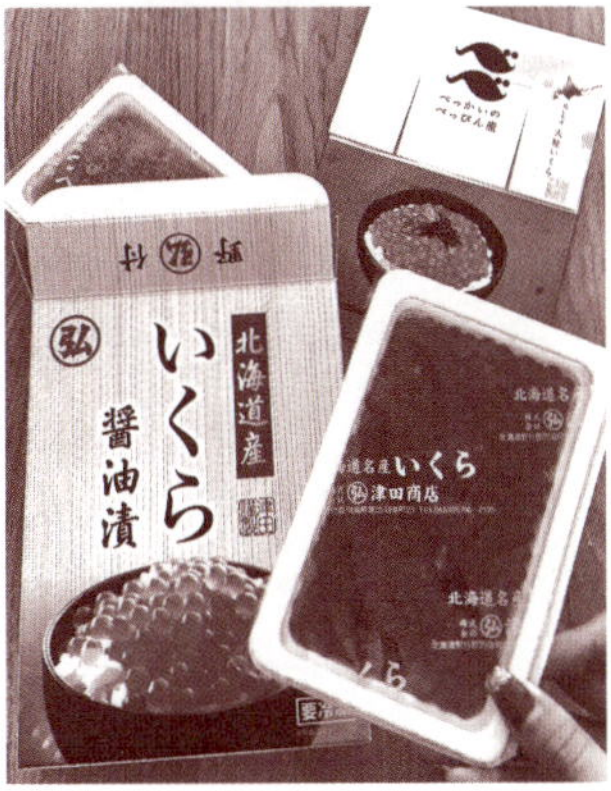
北海道産
いくら
醤油漬

自分にとって
プラスになる商品を
賢く選びましょう!

COLUMN

SNSと上手に付き合うことで、貯蓄が楽しくなった

自分軸の浪費か、他人軸の浪費か、という話をしましたが、他人軸で刺激されて物欲が湧き上がるのを抑えるために、コスメやアパレルブランド系のアカウントのフォローをあえて外し、なるべく見ないようにするのは効果的だと思います。

また、周りの友人と比べて落ち込んだり、見栄を張って良いものを買いたくなる気持ちが湧くのであればリア友のアカウントとも距離を置いてしまってもいいのではないでしょうか。

私は友人や可愛いモデルさんのブランド購入品を見て落ち込んだり、着画を見て欲しくなったりすることが多かったので、そういったアカウントのフォローは思い切って整理しました。

実は今私が運営しているInstagramのアカウントは、自分の「趣味と学び（＝お金のこと）」の専用アカウントとして立ち上げました。このアカウントでフォローさせていただいているのは、主に投資系、ポイ活系、ミニマリストさんや節約レシピ、おうちご飯系のアカウントがメインです。そこから私もたくさんの情報を得て、どうやったらスッキリ暮らせるのか、どうやったらおいしいつくり置きレシピが完成するのかなどよいところはたくさん真似をさせてもらっています。

SNSとの付き合い方は難しい側面もありますが、一番興味があって、尚且つ勉強になるアカウントに絞って楽しめば、物欲や消費欲、承認欲求が抑えられるのではないかと思います。

CHAPTER

3

ポイ活最前線!
ポイントは
第2の資産

ポイントは第2のお金！貯めるだけではなく、稼ぐ・増やすが必須

日々の買い物などで得られる「ポイント」。これを効率的に集めることを「ポイ活」といいます。**ポイ活で得られる「ポイント」には大きく3種類**あります。

1. 現金・クレジットカード・その他キャッシュレス決済のいずれの買い物で、私たちの「出費（手出し金）」は伴うが、企業のキャンペーンやサービスによってもらえるポイント。
2. 歩くだけ、レシートの写真を撮ってアプリ内でシェアするだけといった「ポイ活アプリ」を活用して、「出費（手出し金）」をしなくてももらえるポイント。
3. 「ポイントサイト」や「アンケートサイト」を利用し、広告を経由してサービスを購入したり体験することでもらえるポイント（出費（手出し金）が発生する場合もあるが、ポイントバックが受けられるなどお得になることも多い）。

まずは賢くポイントを増やすことがポイ活の第一歩となります。

3タイプのポイ活とメリット・デメリット

❶ 実店舗での買い物やネットショッピング

- クレジットカードの利用
- キャッシュレス決済（電子マネー）の利用

ポイント2倍デーや
還元率の高いカードを使うことで
効率的に貯める

❷ ポイ活アプリの活用

- アプリにログインするだけ
- レシートを登録するだけ
- お店に入店したときにチェックインするだけ など

アプリを
ダウンロード+登録し、
積極的に行動する

❸ ポイントサイトの利用

- 広告を経由して商品やサービスを購入する
- モニターになることでキャッシュバックやポイントバックを受ける
- アンケートに答えてポイントをもらう

案件を探し、
ポイントイト経由購入し、
より効率的にポイント
獲得する

○ ポイ活のメリット

- □ 特別なスキルは不要
- □ 誰でもいつでも気軽にはじめられる
- □ 隙間時間を有効活用することができる

○ ポイ活のデメリット

- □ ポイ活そのものはキャリアやスキルにはならない
- □ ポイントのために無駄買いしないように気をつける必要がある
- □ 時間がかかる割に、たいしたポイントが得られないなど、割に合わないものもあるので取捨選択する必要がある

「なんとなく」は禁止！貯めるべきは汎用性の高い「5大ポイント」！

ポイ活といってもポイントならなんでもいいわけではありません。**「Vポイント（旧Tポイント）」「楽天ポイント」「ＰａｙＰａｙポイント」「dポイント」「Ｐｏｎｔａポイント」**は、現在**「5大ポイント」と呼ばれていて、積極的に貯めてほしいポイントです。**

5大ポイントには**「幅広い店で使える」「支払いの際、現金払いでもアプリ提示でポイントが貯まる」「クレカやペイ、電子マネー決済とポイントカード使いで二重取りや三重取りができる」「キャンペーンを活用すればザクザク貯まる」**という特徴があります。そのため少し意識するだけでポイントが貯めやすく、また貯めたポイントが使いやすいというメリットがあります。

まずは自分が積極的に貯めたいポイントの優先順位を決め、なるべくひとつから2つのポイントに集約させるとよいでしょう。5大ポイントのうち、どのポイントを優先的に貯めていくかは、使っているクレジットカードや携帯電話のキャリアなどで決めるとスムーズです。自分が生活の中でよく使う「経済圏（例えば楽天、ＰａｙＰａｙ、dポイントなど）」に絞ると、ポイントが貯めやすくなります。

5大ポイントと関連サービス

	携帯キャリア	クレカ	銀行	相性のいいドラッグストア
Vポイント（旧Tポイント）	トーンモバイル	三井住友カード	三井住友銀行	ウエルシア
楽天ポイント	楽天モバイル	楽天カード	楽天銀行	ツルハドラッグ サンドラッグ
PayPayポイント	ソフトバンク	PayPayカード	PayPay銀行	加盟店ならどこでも
dポイント	docomo	dカード	dスマートバンク	マツモトキヨシ ココカラファイン
Pontaポイント	au	auPAYカード	auじぶん銀行	トモズ

優先的に貯める
ポイントが決まったら、
公共料金や固定費の支払い
でもポイントが貯まるように
設定しましょう

ちょっとひと手間でお得感倍増！「ポイントサイト」を有効活用

ポイントを効率的に貯めるために、５大ポイントのどれにポイント集約するかを決めたら、次にしてほしいことが**「ポイントサイト」の活用**です。ポイントサイトで貯めたポイントは現金化したり、他のポイントへの交換も可能です。気になる商品があったら、まずはポイントサイトをチェックしてみましょう。読者の中には「ポイントサイトってなんだか怪しそう……」。そう思う方がいるかもしれませんが、そんなことはありません。**ポイントサイトは広告主から広告宣伝費をもらい、広告主の商品やサービスを紹介しています。一方ユーザーはそのポイントサイトを通じてショッピングやサービスを利用することで、報酬としてポイントを得ることができるという仕組み**です。

このように、ポイントサイトもユーザーもお互いにメリットを得られる仕組みなのですが、どのポイントサイトも安全というわけではありません。中には悪質なサイトもあり、ポイント付与や還元がなされなかったり、個人情報を流出されたりすることもあるので、**利用する場合は各サイトの運営会社やセキュリティは万全かといった安全性などを調べてから選択する必要があります**。

■安全なポイントサイトの条件

☑ 運営会社の情報が記載されている
（プライム上場企業や、関連会社が運営しているなど）

☑ ユーザー数が多い

☑ セキュリティが万全（2段階認証、暗号化=SSLの導入、電話番号認証導入など）

☑ 還元率が高い

おすすめポイントサイトの特徴

ハピタス ★★★★★	・運営実績17年以上、会員数累計520万人突破 ・案件数、ポイント還元率ともトップクラス ・株式会社オズビジョン運営 ・友だち紹介数が増えるとダウン報酬の還元率もアップ ・1か月のポイント交換上限は毎月3万ポイントまで ・友達紹介URLから登録時、最大1600円分ポイントもらえる
モッピー ★★★★★	・運営実績15年以上、会員数累計1200万人突破 ・株式会社セレス運営（プライム上場企業） ・JALマイルへの交換がお得にできるキャンペーンを不定期に実施 ・モッピーツールバーでポイント取り漏れなし ・友だち紹介URLから登録時2000円分ポイントもらえる ※翌々月末までに5,000ポイント獲得が条件
ポイントインカム ★★★★☆	・ファイブゲート株式会社運営 ・運営実績10年以上、会員数累計400万人突破 ・トロフィー制度、ランクボーナス制度 ・独自のポイント増量サービスが豊富 ・ポイント交換は1日1回1万ポイントまで ・登録時、条件達成でアマゾンギフトカードがもらえるキャンペーンを不定期開催

無駄遣いはせずに、「ポイ活」を日常生活に取り入れる

ポイントをたくさん貯めたいからといって「積極的に買い物をする」、というのは本末転倒。まずは**「よく行くお店を絞る」**、**「お店に行く日はなるべくポイントサービスデーにする」**、**「生活用品や食品は複数店ではなくひとつの店で購入する」**、**「ポイント還元率の高いクレカや電子マネーで決済する」**といった買い物のルールを決めた方が無駄遣いもなくなり、ポイントが効率的に貯められます。

また、普段使っているネットショッピングについても、極力**ポイントサイトを経由するようにしましょう**。例えば、Ａｍａｚｏｎや楽天、Ｑｏｏ１０やｉＨｅｒｂなど、多くの方が利用しているＥＣサイトも、サイトから直接購入するとＥＣサイトのポイントしかつきません（ＡｍａｚｏｎならＡｍａｚｏｎポイント）。ところがポイントサイトにあるリンクからＡｍａｚｏｎや楽天に入れば、**各ＥＣサイトのポイントに加え、ポイントサイトのポイントも貯まります**。

美容院やホテル、レンタカーなどの予約、契約したいサブスクも、まずはポイントサイトを経由しましょう。

ポイントサイトは
ひとつのフォルダにまとめて効率アップ！

私はポイントサイトも複数活用しているので、より効率的に活用するために、スマホの中にポイントサイトだけをまとめたフォルダをつくって、そこからチェックするようにしています。

隙間時間をポイ活に充てるのもおすすめです。ポイントサイトにはアンケートやゲームなど、さまざまな案件があります。

私の場合、仕事の休憩時間は職場の上司や後輩とInstagramやポイントサイト上でお得な案件が出ていないかチェックして、よさそうな案件があった際は一緒に実践してポイ活をしていました。

ポイ活をするうえでの7つの注意点

ポイントサイトは、指定されたミッションをクリアすることでポイントがもらえる仕組みになっています。無料会員登録をするだけで効率的にポイントを取得できますが、利用時にスマホやPCの端末設定が適切にされていないと、ポイントが付与されないことがあるので、まずは、**ポイ活をする際には適切な設定をしておきましょう**。

ただし、数多くあるポイントサイトの中には悪質なものもあるので注意も必要です。会員登録の際には個人情報を提供する必要があるので、むやみにポイントサイトへ登録するのは避け、個人情報流出防止のための注意をしましょう。

1「サイト越えトラッキングを防ぐ」をオフにする

トラッキングで利用者の追跡をすることで広告が利用されているかを判断しています。そのためにトラッキングをオンに設定してください。設定はiPhoneであれば下図のようにSafariから変更します。

2「すべてのCookieをブロック」をオフに設定

Cookieとは、誰がどうWebサイトを利用したか、その情報を保存する一時的なファイルのこと。これもポイントサイトを経由しているか判断するために必要なので、「すべてのCookieをブロック」はオフに設定してください。

3 Appからのトラッキング要求を許可

Cookieと同じで、トラッキングをオフにすると、どのポイントサイトを経由したかの追跡がわからなくなってしまうため、ポイント取得ができなくなってしまいます。トラッキング要求を許可する設定にしてください。

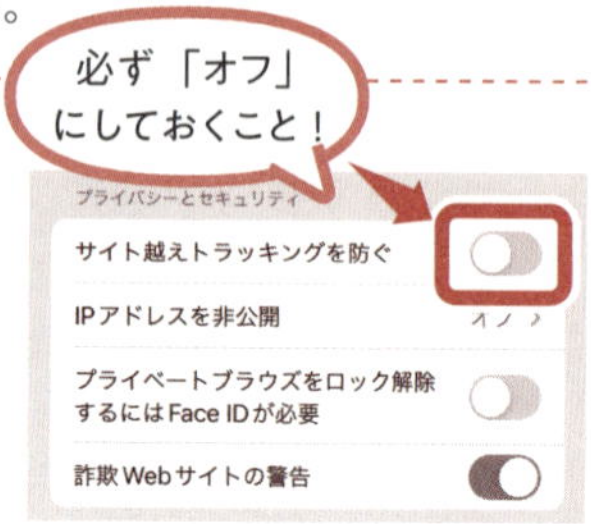

4 Wi-Fiを第三者と共有しない

Wi-Fiを第三者と共有するとIPアドレスが同じになり、 Wi-Fiを共有している第三者と同じ案件を申し込むと、 不正とみなされポイントがつかないことも。 家族でポイ活する際には契約しているキャリア通信を使います。

5 1案件、1ブラウザ

ひとつの案件を行うのに、Safari、Google Chromeなど複数のブラウザを使うと、トラッキングがうまくいかず否認されるため、 ポイントサイトが推奨するブラウザを利用しましょう。 iPhoneであればSafari、 AndroidであればGoogle Chromeが一般的です。

6 ポイ活に取り組む際は、キャッシュのデータを消す

過去に他のサイトを経由した履歴が残っていると、 正しくポイントが反映されないことも。 不安であれば、 ポイントサイト利用前にブラウザのキャッシュのデータを削除しましょう。

7 ポイ活時は時給換算して、お得な案件を選んで取り組む

アプリやポイントサイトを活用したポイ活は出費はゼロですが、 貴重な時間を削っています。 時給換算し、 あまりに安すぎると思うならやる必要はありません。

個人情報を
守るためにも登録時の設
定などに注意し、 しっかり
管理しておきましょう!

❶ 旅行予約

旅行はまとまった出費になるので、ポイントサイトを使えばお得にポイントをＧＥＴできます。ほとんどの人は「楽天トラベル」や「じゃらんｎｅｔ」などの旅行サイトを活用して予約すると思いますが、**ポイントサイトを経由して旅行サイトから予約すれば**、普通に予約するよりも多くポイントがもらえます。例えば、ポイントサイト経由でじゃらんｎｅｔから旅行予約をすると、じゃらんｎｅｔのポイントと、ポイントサイトのポイントを二重取りできます。さらに、クレジットカード決済にすることで、クレジットカードのポイントも得られるのでポイントの三重取りになります。もちろん、旅先のアクティビティやレンタカーもポイントサイトを経由して予約するとさらにお得です。

旅行は私にとって幸福度の高いお金の使い方です。国内外問わず年に１～２回は行きたいと考えています。旅をすることで得られる経験はどれも非日常的で、一生の思い出になりますし、学びも多いのでプライスレスです。

ポイ活の達成目標を「旅行するための費用に充てる」にするのもいいと思います。

ポイントをお得に貯めよう

❷ 体験系やモニター系を活用する

フィットネスクラブ、ヨガ、ピラティス、オンライン学習などの習い事やアクティビティを無料体験するだけで数千ポイントがつくという案件もポイントサイトには多く出ています。**挑戦してみたかった習い事やアクティビティがあれば、まずはポイントサイトを検索**してみてください。無料で体験できてポイントがつくのはとてもお得です。ただし、体験してみても入会する気持ちがないと「勧誘」を不快に感じるかもしれません。試してみて不要なら断る勇気は必要です。

また、**飲食店や商品のお試しで、感想をフィードバックすることで飲食代金や商品代金が還元されたり、ポイントバックされたりする案件**も多くあります。ポイントサイトのカテゴリー一覧の中に「モニター」があれば、そこをチェックしてみましょう。行ってみたい飲食店や日ごろ使っているお店があるかもしれません。コスメ関連のモニター案件は多くありますが、モニターは当選しないと実施できないので、こまめに応募しましょう。場合によっては「電話面談」や「別案件の勧誘」などが生じることもあるので、**自分の中でやることとやらないことを決め、案件の取捨選択**をしてください。

③サブスクを利用する

最近は「サブスクリプションサービス（月額定額制）」の商品が増えていますが、**サブスクに申し込む際にもポイントサイトを経由すればポイントが貯まるケース**もあります。例えば「ディズニープラス」「U-NEXT」などの動画配信系サービスに初めて入会するときには必ずポイントサイトを使いましょう。還元率は随時変更されるため、その都度調べる必要はありますが、入会で数千ポイントつくケースがほとんどです。「dマガジン」や「楽天マガジン」などの雑誌読み放題系の申し込みや、「コミックシーモア」などの漫画購入サイトもポイントサイト経由にすればポイントが貯まります。

洋服のサブスクも人気ですが、例えば「airCloset」はポイントサイト経由で登録すれば、2万ポイントつくケースも。ウォーターサーバーの申し込みもポイントサイト経由で1万ポイント以上つくケースが多くあります。ただし、**出費（手出し金）がある案件もあるので、きちんと計算してから取り組みましょう**。サブスク系は、**1か月無料のお試し期間の登録のみでもポイントがもらえることも多い**ので、こまめにチェックしてみてください。

ポイントをお得に貯めよう

④ゲームアプリで増やす

規定の条件をクリアするとポイントがGETできるゲームアプリ案件も多くあります。育成ゲームやRPGゲームなどジャンルも多く、条件期間内に一定レベルまで到達したらポイントがもらえる、といった内容です。クリアで2000～3000ポイントというものもあります。ただ、時給換算して損にならないように、そのポイント条件を達成するにはどれくらいの時間がかかるのか、**事前に実際にそのゲームをやった方のブログなどをチェック**して調べるようにしています。私の場合はゲームアプリのポイ活は、自分ひとりではなく、ポイ活が好きな職場の同僚と休憩時間にレベルを競いながら楽しみ、結果としてポイ活になっていた、というのがベストでした。注意点は**ゲーム自体にハマって課金しすぎないようにすること**です。

他にもポイントサイトとは関係なく、「歩くだけでポイントが貯まる」、「レシートの写真を撮って送るだけでポイントが貯まる」といったサービスもあります。これらもゲーム感覚で楽しめますが、時給換算したところ効率が悪いと感じたので私はやっていません。

⑤ 証券口座開設

証券口座の開設もかなりポイントが貯まる案件です。口座開設だけではポイントがつかず、口座を開設した後に規定の金額の買い付けを行うことが条件になっている場合もありますので、ポイント獲得条件は必ずチェックしてください。例えば、ＳＢＩ証券の場合ポイントサイトを経由して口座を開設し、住信ＳＢＩネット銀行のＳＢＩハイブリッド預金（ＳＢＩ証券と連携させて利用できる預金）に規定額を入金すると数万円分のポイントがつく、という案件があります。買い付けが条件ではないのでよい案件です。もっとよい案件なら、口座開設と１００円以上分の投資信託購入で1万円分のポイントというケースも。口座を開設して１００円入金するだけで、十分大きなポイントが得られるということです。友だち紹介ポイント獲得において一定の数のポイント獲得が条件となるポイントサイトを利用する場合も、証券口座開設の案件をこなせば一発で条件クリアできます。

【要注意!】「クレカ＝社会的信用」という感覚を忘れずに!

ポイントサイトには「クレジットカードの作成でポイント高還元!」の案件が多く出ています。確かに、証券口座の開設と同様、クレジットカードを新たにつくるときにポイントサイトを経由すると大きいポイントがつくのですが、ポイ活目的で必要以上にクレジットカードをつくることはおすすめしません。

クレジットカードは短期間に複数枚申し込むと、社会的信用度を下げてしまう可能性があります。各カード会社や金融機関は信用情報機関に加盟しており、信用情報機関に記載されているクレジットカード利用履歴や信用情報は加盟している他カード会社や金融機関にも共有されます。複数申し込むことによって審査に落ちてクレジットヒストリー（信用情報）に傷がつくと、今後クレカの入会・更新審査に落ちたり、ローンの審査に通らなくなったりする可能性もあります。

クレジットカードの場合、長く同じカードを使い続けた方がクレジットヒストリーはよくなりますので、短期間で解約するのもよくありません。クレジットカードは必要な枚数に絞り、ポイ活も自分が決めたメインカードに絞って行いましょう。

一方、証券口座についてはクレジットヒストリーに傷がつく心配はありませんので、私はポイ活経由でこれまで10数個の証券口座を開設し、1年使わないものは解約しています。

お得に貯めたら、お得に使う！
1ポイントに1円以上の価値を持たせる方法！

1ポイント1円換算で使うのもいいけれど、もし1ポイントが1.5円として使えたらよりお得。ここではポイントに付加価値をつける賢い使い方をご紹介します。

ウエル活

ドラックストアのウエルシアでは、毎月20日にVポイントかWAONPOINTで支払いをすると1.5倍分のお買い物ができ、これを「ウエル活」と呼びます。毎月20日は1000ポイントで1500円分の買い物ができるのです。ただし、2024年9月20日からはWAONPOINTのみでしかウエル活ができなくなります。VポイントはWAONPOINTに交換できるので、どちらかのポイントを貯めておきましょう（交換は1か月3万ポイントまで）。

Pontaポイントとdポイントはローソンで使う（＝ポン活）

Pontaポイントとdポイントはローソンのお試し引換券で利用するのもおすすめ。ローソンの店頭にあるLoppiあるいはローソンアプリで引き換えられる商品一覧が出てきます。欲しいものがあれば引換券と商品を持ってレジに行くと、正規価格より少ないポイント数で商品を手に入れられます。1ポイント2～3円の価値になることが多く、欲しい商品があればお得です。私は日用品や乳製品を買うことが多いです。

dポイントはポイントロンダリング！

dポイントはさまざまなポイントをdポイントに交換することができますが、定期的に25%増量で交換できるレートアップキャンペーンが実施されています。このタイミングで、例えばモッピーに所有している500ポイントをdポイントに交換すると、625ポイントになります。レートアップキャンペーン中にさまざまなポイントをdポイントにしてしまうのもひとつです。

各ポイントをお得に使う方法大公開!

楽天ポイント

〈主な貯め方〉 楽天市場での買い物、 楽天ペイでの買い物（キャッシュにチャージ）

〈使い方〉

・期間限定ポイント→楽天ペイが使えるスーパーで使用。 食費削減になる！

・通常ポイント→楽天証券で投資信託やETFを購入。 あるいは楽天市場で端数を払う（端数を払う理由：現金をなるべく手元に残して、 資産運用に回すため。 例えば、5980円のものを購入時、 還元率が1%の場合ポイント付与は59ポイント。 80円はポイント加算に寄与しない。 現金の手出しなので80ポイントはポイントで払う）

Pontaポイント

〈主な貯め方〉 ホットペッパービューティーでの予約、 食べログ予約

〈使い方〉 ポン活。 ローソンでお得に買えるものをPontaポイントで購入

Vポイント

〈主な貯め方〉 ポイ活サイト、 SBI証券での投資

〈使い方〉 ウエル活、 ときどきナルシスで「ナル活」（ラグジュアリーコスメのセレクトショップ「ナルシス」が毎月20日に行っているサービスデイのこと）し、33%オフでデパコスを購入。 SBI証券でのポイント投資

【ポイント利用の注意点】

□ ポイントだからと無駄遣いしない

□ ポイント利用時でも割高な商品は買わない

□ 資産の計算がややこしくなるのでポイントは家計簿に入れない

□ 期間限定ポイントが失効しないよう期限をリマインダーなどに入れておく

□ なるべくポイント価値を高める使い方をする（○倍の価値になるキャンペーンや経由ルートを確認してから利用する）

ポイント運用にもトライ！ ポイントは消費より運用の時代

最近話題のポイント運用って何？

ポイント運用とは、ただポイントを貯めたり使ったりするのではなく、**「運用」することでポイントを増やすこと**を目的としています。**「ポイント運用」は、現金を使わずにポイントを使って擬似的に投資を体験することができるサービス**です。しかも、ポイント運用では提供会社が提示したコースの中から運用先を選ぶことができるので、初心者にぴったり。もちろん、実在する投資信託や株をポイントを使って運用するのでポイントが減るリスクはありますが、証券口座を開設する必要もないので、気軽にチャレンジすることができます。

ポイント投資の３つのメリット

1. 現金を使わずに投資ができる
2. 投資初心者でもはじめやすい
3. 貯まったポイントを有効活用できる

ポイント運用とポイント投資の違い

	ポイント投資	ポイント運用
目的	資産運用	ポイントを貯める
サービス内容	保有ポイントを使って金融商品を購入する（投資する）	選んだコースの運用状況に連動してポイントが増減する
金融商品の購入方法※1	一括・積立	一括・積立
各種手数料	購入時手数料・出金手数料などがかかる場合もあり	なし
分配金・配当金	あり	なし
引き出し時の受け取り方	現金	ポイント
証券口座の開設	要	不要※2
税務申告	必要（課税対象）	なし
非課税優遇制度	NISA、つみたてNISA	なし

※1金融商品の購入方法は証券会社によって異なります。
※2サービスによっては必要な場合もあります。

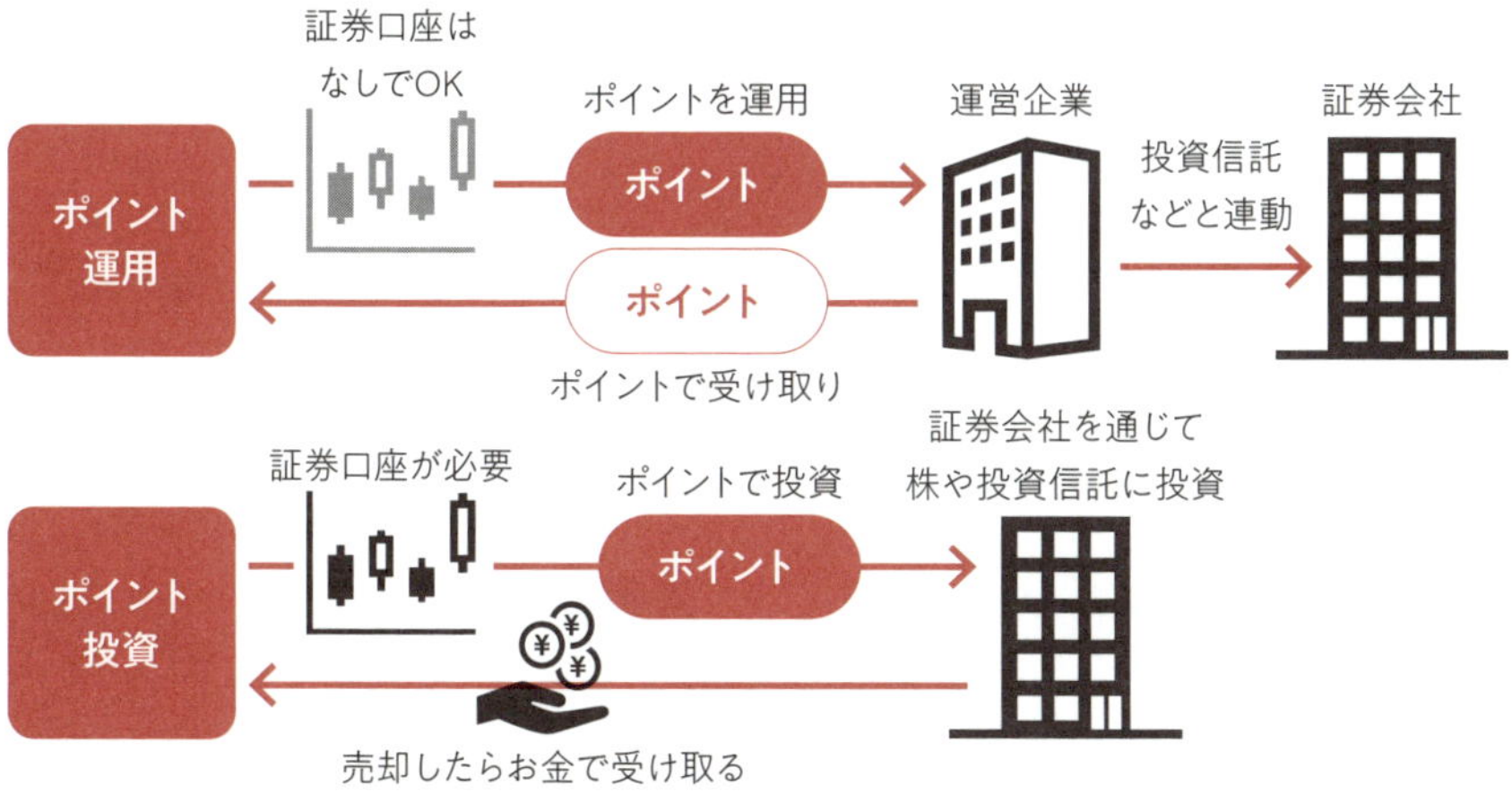

楽天ポイントを運用する場合、どうすればお得？

Step1 運用するポイント数を決め、「楽天 PointClubアプリ」をダウンロード

ポイント運用は100ポイントからはじめられます。ただし、増えている手応えを感じたいなら、1000ポイント運用からがおすすめ。ポイント運用は「楽天 PointClubアプリ」（またはWebサイト）から行えます。

Step2 コースを選ぶ（私のおすすめはアクティブ）

「楽天 PointClubアプリ」から「運用」を選択します。楽天ポイント運用には「バランスコース」と「アクティブコース」の2種類がありますが、アクティブコースの方が大きな利益が見込めるため、ほとんどの人が「アクティブコース」を選んでいます。

「バランスコース」では大きな利益が見込めませんが、大きく損をすることもないのが特徴です。一方、「アクティブコース」は大きな利益が期待できる代わりに、大きく損をする可能性もあります。コースを選んでポイントを入れたら設定完了です。もちろん途中でコース変更もできます。

運用で選べるコースは2種類

アクティブコース

連動する投資信託 楽天・インデックス・バランス・ファンド（株式重視型）

バランスコース

連動する投資信託 楽天・インデックス・バランス・ファンド（債権重視型）

ポイント運用であれば、
アクティブ運用を試しても
リスクは少ない！

Step3 選んだ投資商品の価格が安いときに運用ポイントを増やしてみる

運用ポイント数を追加することも可能ですが、一度運用が確定したポイントをキャンセルすることはできません。選んだ投資商品の価格が安いときを狙って追加するとよいでしょう。ポイントの追加は100ポイントから可能で、1回の追加上限は3万ポイント（ダイヤモンド会員のみ5万ポイント）までです。

Step4 ポイントを引き出すタイミングは選んだ投資商品の価格が高いとき

逆にポイントを引き出したいときは、選んだ投資商品の価格が高いときを狙うとよいでしょう。

Step5 多少のマイナスは気にせず長期間投資する気持ちで

運用のはじめは、ポイントの価値の変動が気になると思いますが、一喜一憂せずに長い目で様子をみてみましょう。

【その他、楽天ポイント運用の注意事項】

- □ 運用する楽天ポイントの追加や引き出しが即座に反映されない
- □ 楽天の期間限定ポイントを使用してのポイント運用はできない
- □ 投資額が少ないとそこまで大きな利益にならない
- □ 自分で投資信託や株を選ぶことができない。あくまで投資初心者さん向けなので、まずは学ぶ感覚ではじめてみましょう

PayPayポイントを運用をする場合どうすればお得？

Step1 まずはPayPayアプリからポイント運用を設定する

PayPayアプリから「ポイント運用」を選択し、「上記同意して続ける」「ポイント運用をはじめる」と進んでいくだけです。PayPay利用者なら誰でもすぐにはじめられます。

Step2 運用コースを選択する

PayPayポイント運用では、全8コースが提供されており、他の会社が提供しているポイント運用サービスよりも豊富なラインナップとなっています。ここから選べる商品はETF（上場投資信託）と連動しています。アプリ上には「全コース」という設定がありますが、PayPayポイントが付与されたタイミングで「金（ゴールド）コース」→「テクノロジーコース」→「テクノロジーチャレンジコース」→「チャレンジコース」の順に自動追加されます。ちなみに、スタンダードコースは、アメリカの代表的な企業への投資で、変動が小さく、安定した成果を狙いたい人向け。チャレンジコースは、リスクを許容できる人や、投資に慣れた人向けです。またポイント運用は1ポイントからはじめられます。

■値上がりした分がプラスになる		
長期運用向け	短期運用向け	長期運用向け
金（ゴールド）コース	テクノロジーコース	スタンダードコース
金で運用するETFの価格に連動するコース。	ナスダック市場で代表的な100企業に分散投資するコース。	アメリカを代表する複数企業に分散し、運用するコース。

■値上がりすると約3倍プラスに
短期運用向け
テクノロジーチャレンジコース
ナスダック市場で代表的な100企業の株価の約3倍の値動きとなるETF（プロシェアーズ・ウルトラQQQ）に連動するコース。ポイントが3倍プラスになるものの、下がるときには同じだけのダメージがあり、振り幅が大きいため短期運用向き。

Step3 運用状況も定期的にチェックしてみる

PayPayアプリのポイント運用画面から各コースの運用状況が確認できますし、運用ポイントを追加することも可能です。追加も1ポイントからできます。ポイント運用のポイント数の上限はなく、追加できるポイントは1度に50万ポイントまでとなっています。一度追加したポイントのキャンセルはできません。ただし、1回につき100ポイント以上追加する場合は、選択したコースの参照資産価格の1.0%が考慮された手数料がかかります。1回につき99ポイントまでの追加であれば、手数料はかかりません。

Step4 運用でポイントがマイナスになったら？

PayPayポイント運用は元本保証されていませんし、配当金もないですし、下落すれば損をすることになります。PayPayポイントには4種類（PayPayマネー・PayPayマネーライト・PayPayポイント・PayPay商品券）の残高がありますが、基本的には一喜一憂せずに、長期でポイント運用を行った方がよいでしょう。

Step5 ポイントを引き出す

アプリから「運用状況」をタップして、引き出したいコースをタップし、「ポイントを引き出す」をタップ。引き出したいポイント数を入力します。引き出したポイントを現金化することはできません。ポイントを引き出す際には手数料はかかりません。

【注意事項】

自動追加で設定してしまうと、PayPayのポイントが自動的にポイント運用に回り、手数料が取られてしまうケースがあるので、手数料発生を避けたい場合は「自動追加」をオフにしておくとよいでしょう。

※ETFとは「上場投資信託」とも呼ばれ、日経平均株価や東証株価指数などと連動するように運用される投資信託のことを指します。

Pontaポイント運用をする場合、どうすればお得？

Pontaポイントを使ってポイント運用する場合、使用するアプリは「au PAY」になります。

Step1 まずは「au PAY」アプリからポイント運用を選択

アプリ画面から「ポイント運用」を選択し、「同意する」「今すぐスタート」と進んでいくだけです。au PAY利用者なら誰でもすぐに楽しめます。

Step2 運用コースを選択する

Pontaポイントを運用する場合、選べるコースは以下の3つです

名称	特徴	リターン
バランスコース	国内外の債券、株式に分散投資する投資信託に連動するコース	低
インドチャレンジコース	インド株式（Nifty50指数）に連動することを目指した投資信託に連動するコース	中
米国チャレンジコース	NASDAQ100指数の値動きに、レバレッジ比率を概ね1倍から3倍にコントロールし、2倍を上回るリターンの獲得を目指した投資信託に連動するコース	高

Step3 運用ポイントを決めて追加する

Pontaポイント運用も他のポイント運用と同様100ポイントからスタートできます。

Step4 「みんなの運用状況」サービスで運用状況を確認

「みんなの運用状況」という機能が付いています。ここを見ると、現時点で運用ポイントを追加する人が多いのか、引き出す人が多いのかその傾向をひと目で確認できます。

dポイント運用をする場合、どうすれば得？

ポイント運用の中でdポイントだけは「dポイント投資」という名称になりますが、他のポイントと同様、運用も可能です。ただし、他のポイント運用よりも特徴が多くなります。

dポイント運用（投資）の特徴を確認！

- □ 1ポイントから運用可能
- □ 手数料はかからない
- □ ポイント追加もポイント申請にもタイムラグがある
- □ 運用コースは最多の11種類から選べる
- □ dポイントの有効期限は獲得月から4年だがポイント運用に交換すれば有効期限の経過が加算されない

Step1 dポイントクラブアプリをダウンロードして、ドコモの回線を使っていない場合はdアカウントを設定する

Step2 運用コースを決めて選択する

dポイント運用には大きく「おまかせ運用」と「テーマ運用」があり、「おまかせ運用」にも「アクティブコース」と「バランスコース」の2種類があります。

テーマ運用の方は「米国大型株」や「金（ゴールド）」など、投資をしたいテーマを決めて運用するコースです。「日経平均株価（日経225）」「新興国」「コミュニケーション」「生活必需品」「ヘルスケア」「金（ゴールド）」「クリーン・エネルギー」などから、自由に選ぶことができます。おまかせ運用とテーマ運用は同時に運用できますので、迷ったら両方選んでみるのもいいでしょう。

さらにステップアップしたいなら ポイント投資にチャレンジ！

ポイント投資のはじめ方

Step1：ポイント投資で使用したいポイントが使える証券口座を開設
Step2：ポイント投資コースの選択
Step3：商品と使うポイントを入力してポイント投資する

ポイント投資のメリット

- □ 出費（手出し金）なしで投資体験ができる
- □ もらったポイント以上の価値になる可能性がある
- □ ポイントの運用益を現金化できる
- □ 少額でも株主優待や配当が受け取れる商品もある
- □ NISAに対応している商品ならNISA口座内で投資すれば非課税運用できる

ポイント投資のデメリット

- □ ポイントが減るリスクはある
- □ 証券口座を開く手間がかかる
- □ 選べる商品は一般的な投資に比べて少ない
- □ 取引手数料や信託報酬などのコストがかかる
- □ 課税口座の場合、 利益に税金がかかる（源泉徴収ありの特定口座で開設していれば、証券会社が税金を納めてくれるので確定申告は必要ない）

投資するコースを選択しよう

楽天ポイント投資で選べるコースは大きく分けて「投資信託」「国内株式」「米国株式」「バイナリーオプション」 の4つあります。

楽天ポイント投資で
楽天ポイントを活用するなら

楽天ポイント投資は「楽天ポイント」を集めている、現金を使わずに投資してみたい、という人におすすめです。

まずは、楽天証券口座を開設しよう

楽天証券の口座開設の流れ

STEP1 口座開設申込 ▶ STEP2 本人確認書類の提出 ▶ STEP3 完了通知の受け取り ▶ STEP4 初期設定

本人確認方法	必要書類	口座開設までの日数
スマホで確認の場合	マイナンバーカード or運転免許証	最短翌営業日
書類アップロードの場合	マイナンバーカード 運転免許証・住民票の写しなど	約5営業日

そもそも投資信託って何？

「投資信託」とは、顧客（投資家）から集めた資金をひとつにまとめて、投資の専門家である運用会社が国内外の株式や債券など、さまざまな投資商品に分散投資を行い、その運用成果を分配する「金融商品」のこと。少額ではじめられ、プロが運用してくれるだけでなく、ひとつの投資信託に投資するだけで複数の商品に投資できるのが魅力です！

投資信託をスポット購入する

「スポット購入」といっても、その都度買う方法と、「積立注文」というあらかじめ設定した日付や引き落とし方法で毎月買う方法があるので、好きな方を選択しましょう。スポット購入の場合、「楽天ポイントコース」に設定してから、購入したい投資信託商品を選び、利用ポイント数を入力すれば購入完了です。

投資信託を積立注文する

積立注文の場合、「（ポイントを）すべて使う」「毎日決まった額でポイントを使う」「1か月あたりの上限を決めて使う」など、ポイントの利用方法を設定して購入します。「毎月3000円積立をする」とした場合、すべてポイントで行うこともできれば、「1000ポイントと2000円の現金で」などの組み合わせも可能です。

国内株式を利用する

ポイント投資（国内株式）を利用する場合には「楽天ポイントコース」を選び、ポイント利用方法などの設定をして購入します。楽天証券のサイトから「株主優待から選ぶ」「ランキングから選ぶ」で選択することも可能です。

かぶミニ®から株主デビューもポイントでできちゃう

楽天証券では「かぶミニ®」をポイントで購入することが可能です。通常1単元（100株）での売買単位での取引ですが、かぶミニ®では、取引単位に満たない（単元未満株）1株から売買することが可能になります。1単元100株のA銘柄の株価が1,000円の場合、通常取引の場合、10万円からの取引となりますが、単元未満株取引では、1株1,000円から売買が可能です。これまで「国内株を買うには資金が足りない……」と考えていた方は、「かぶミニ®」で国内株を買ってみるのも楽しいかもしれません。

楽天証券で購入できる「かぶミニ®」銘柄人気ランキング（2024年7月1日現在）

1位	日本電信電話	最低購入金額	153円
2位	上新電機	最低購入金額	2万655円
3位	トヨタ自動車	最低購入金額	3万298円
4位	ソフトバンク	最低購入金額	1万969円
5位	日本たばこ産業	最低購入金額	4万358円

米国株式

ポイント投資（米国株式）を利用する場合には「楽天ポイントコース」を選び、ポイント利用方法などの設定をして購入します。楽天証券のサイトには「年代別ランキング」「取引目的別ランキング」が掲載されているので、米国株が欲しいけれど、どんな商品を選んだらいいかわからないという人は参考にすることができます。例えばiPhoneユーザーなら気になる米国株もここから比較的少額で購入できます。

20代米国株デビュー銘柄ランキング

出典:楽天証券「NISA成長投資枠で使える 年代・投資目的別版　米国株デビュー銘柄ランキング」

順位	銘柄名	ティッカー	最低購入金額(円)	平均購入株数(株)
1	エヌビディア	NVDA	1万5767円	8
2	ナイキ	NKE	1万1297円	6
3	テスラ	TSLA	3万3838円	5
4	マイクロンテクノロジー	MU	1万5589円	6
5	アップル	AAPL	3万3258円	4
6	アーム・ホールディングス	ARM	2万0210円	7
7	アマゾン・ドット・コム	AMZN	2万7620円	3
8	Direxion デイリー 半導体株 ブル 3倍 ETF	SOXL	5660円	16
9	バンガード・米国高配当株式ETF	VYM	1万8772円	4
10	コカ・コーラ	KO	1万0287円	5

※ランキングは2024年7月米国株デビュー者の買付人数
※取引目的は、口座開設時の問診「投資目的」の回答ごとに集計
※株価は2024年7月31日の終値、1ドル152円で試算

バイナリーオプション

投資の初心者さんには難しいかもしれませんが、為替レートの予測で取引する「バイナリーオプション」という商品もポイント投資が可能です。

Vポイント投資でVポイントを活用するなら

Vポイントを集めている方の場合、ポイント運用はできませんが、ポイント投資ができます。その場合、まずはSBI証券の口座開設をする必要があります。口座開設が完了したら、購入する商品を選び、利用するポイントを設定して購入しましょう。

SBI証券でVポイント投資のやり方

ステップ1　SBI証券口座を開設する

口座開設時にポイントサービスを申し込めば、
ステップ2は省略できて楽です

▼

ステップ2　Vポイントの連携設定

[口座管理]→[お客様情報設定・変更]→[ポイント・外部ID連携][申し込む]→
取引パスワードを入力「同意する」をクリックで完了

▼

ステップ3　買い付けする投資信託を選ぶ

SBI証券にログインしたら、「取引」→「投資信託」→
「投信（金額買付）」→銘柄を選んで「買付」の順にクリック

▼

ステップ4　買い付け画面で注文内容を入力

ポイント数を確認して、利用するポイントを選択しましょう。
取引パスワードを入力して「注文確認画面へ」をクリック

▼

ステップ5　注文を完了する

注文内容を確認します。確認してよければ「注文発注」をクリックしましょう。
Vポイント投資完了です

Vポイント投資のメリット、デメリット

Vポイント投資で購入できる商品は大きく、国内株式（現物、S株（単元未満株）含む）と投資信託（スポット買い付けおよび積立買い付け）の2つで、米国株式の取り扱いはありません。

Vポイント投資のメリット

- ☑ 1ポイント1円として100円（100ポイント）から投資が可能
- ☑ Vポイントは別のポイントに交換する際にレートが下がりがち（1ポイント0.8円など）だが、投資すれば1ポイント1円として使える
- ☑ Vポイントは特定のクレジットカード（三井住友カード(NL)やOliveカード）を持っていると貯めやすい
- ☑ 新NISAの非課税枠で投資すれば税金はかからない
- ☑ クレカ積立すればVポイントがさらに貯まる

Vポイント投資のデメリット

- ☑ Pontaポイントやdポイントと併用できない（SBI証券そのものはPontaポイントやdポイントが使える）
- ☑ 元本割れするリスクがある
- ☑ 課税口座の場合、利益に税金がかかる（源泉徴収ありの特定口座で開設していれば、証券会社が税金を納めてくれるので確定申告は必要ない）

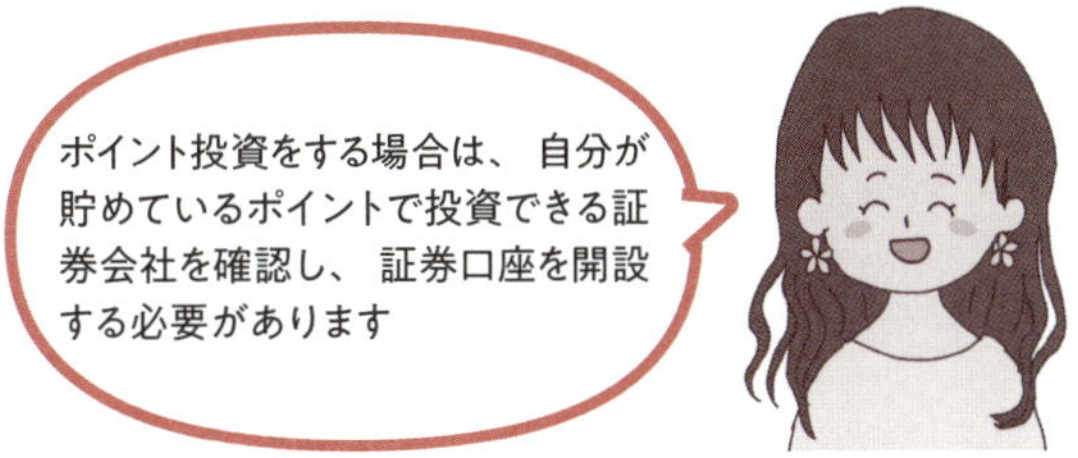
ポイント投資をする場合は、自分が貯めているポイントで投資できる証券会社を確認し、証券口座を開設する必要があります

COLUMN

新NISAにチャレンジし、効率的にお金を増やす

新NISAの登場で投資に対するハードルがだいぶ下がったのではないでしょうか。今まで投資をしたことがなかった方も「新NISA」をきっかけに投資を少額からはじめたという話をよく耳にします。

お金を育てるのには今や「貯蓄よりも投資の時代」。特に新NISAは「資産所得倍増プラン」の実現に向けて政府が投資へ後押ししている資産運用制度。節税面でのメリットもあるので、ぜひやっておきたい運用です。

実際、私も新NISAをメインに活用してお金を育てています。新NISAで最初は投資信託からはじめて、余剰資金が増えてきたら個別株にもチャレンジしていくと、より効率的にお金を育てることができるようなりますよ。

りぃの総資産の投資商品内訳(24年8月時点)

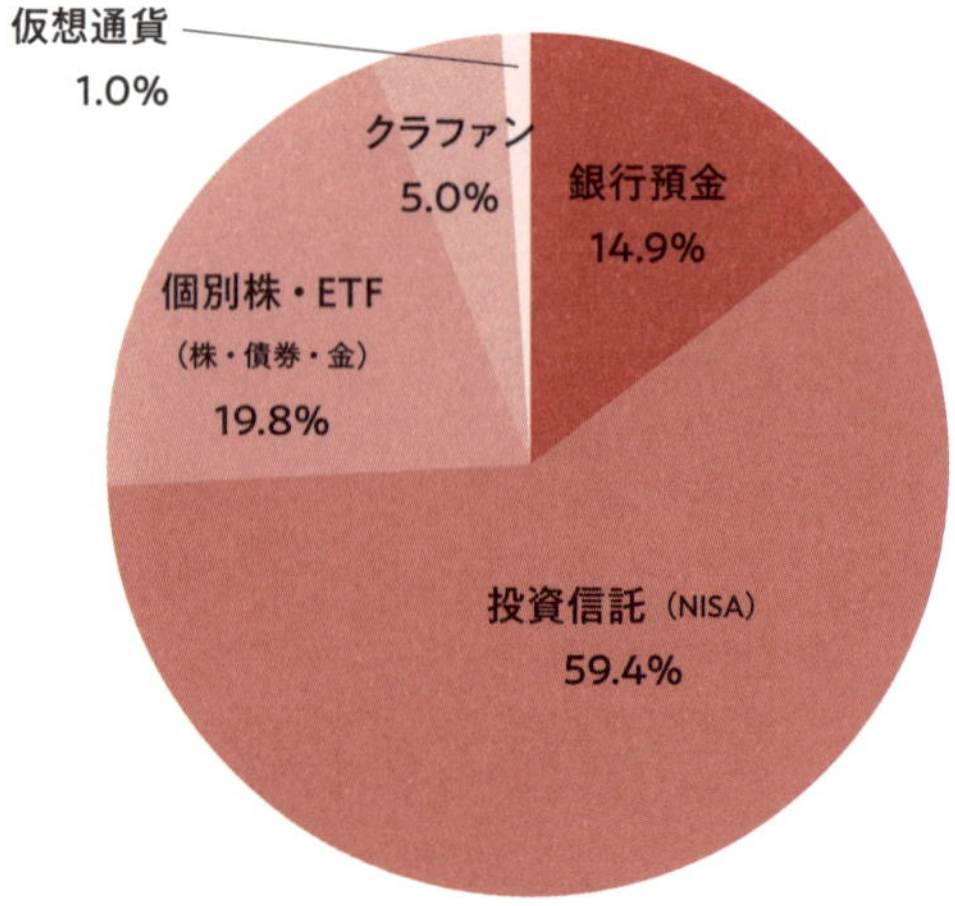

CHAPTER

4

リアル投資で効率的にお金を育てよう

手取りが少ないからこそ、お金に働いてもらおう

お金を増やすために大切な方法は大きく３つあります。**「1. 支出を減らす（節約など）」「2. 貯める」「3. 増やす」**です。「支出を減らす」は、うっかり支出や無駄な出費を減らすことに尽きます。「貯める」も、毎月のコツコツ貯金や賢くポイントを増やすことでクリアできます。問題は「収入を増やす」こと。副業ＯＫの会社なら、副業で収入を増やすことも可能ですが、もっと効率的にお金を増やす方法があります。それが「お金を働かせる」ということ。ずばり「資産運用」です。資産運用は、**預貯金や株式、債券、投資信託などを利用して、自分の資産を効率的に増やしていく方法**になります。コツコツ貯金することで利子がつけば、資産を運用したことになります。ですが、最近の預金に対する金利は、０・０２％。たとえ１００万円を１年間預けたとしても２００円増えるだけ。預貯金のみで物価が上がりつつある現代に老後資金を工面するのには、限界があります。そこで注目したいのが「投資」です。ＣＨＡＰＴＥＲ３の82ページからポイントを活用して投資にチャレンジする方法をご紹介しましたが、投資感覚をつかんだら、次のステップとしてリアル投資にチャレンジしてみましょう。

初心者さんでも小さく少しずつはじめてみよう

「投資って何をすればいいのかよくわからない」「株で失敗したら怖い」と思う人もいるかもしれません。その気持ちはよくわかります。でも、リスクを取らないことが逆にリスクとも言えます。例えばインフレについて考えたことがあるでしょうか。

日本銀行は年に２％の物価上昇（インフレ）を想定しています。これは、銀行預金の残高が変わらなくても、その価値が次第に下がっていくことを意味します。実際、数年前に１００円で買えたものが、１２０円、１５０円とどんどん値上がりしているのです。他にも老後には数千万円必要だと試算されていますし、**自分のお金は自分で守り増やすしかありません**。

私も最初は勇気が持てず、ＮＩＳＡで１００円の投資信託購入からスタートしました。私のように投資が怖いと思う方に向けて、私が実際に行った初心者からでも楽しみながら簡単にチャレンジできる投資について紹介します。

大切なのは具体的なイメージ！
いくら必要なのか「目標設定」をしよう

「インフレ」や「老後資金問題」だけでなく、私たちが将来どれくらいのお金が必要なのかについて、一度考えてみる必要があると思います。

近い将来、結婚や出産を希望しているのであれば、それぞれのイベントにどれくらいお金が必要か、情報収集することは可能です。そこから少しずつ「家を買うなら？」「子どもを大学に行かせるには？」「定年退職後の生活費は？」とイメージしてみてください。

将来どれくらいのお金が必要か、簡単にシミュレーションできるサイトもあります。自分のお金について「収支を減らす・貯める・増やす」ことは、自分以外の人にはできませんし、自分の人生の責任は自分で取る必要があります。

資産運用プランの参考に金融庁が出している
シミュレーターを活用するのがおすすめ!

・金融庁：ライフプランシミュレーター

https://www.fsa.go.jp/teach/simulation/life_plan.html

・金融庁：資産形成シミュレーター

https://www.fsa.go.jp/teach/simulation/interest_rate.html

人生の大きなイベントで いくらお金が必要か、 シミュレーションしてみよう

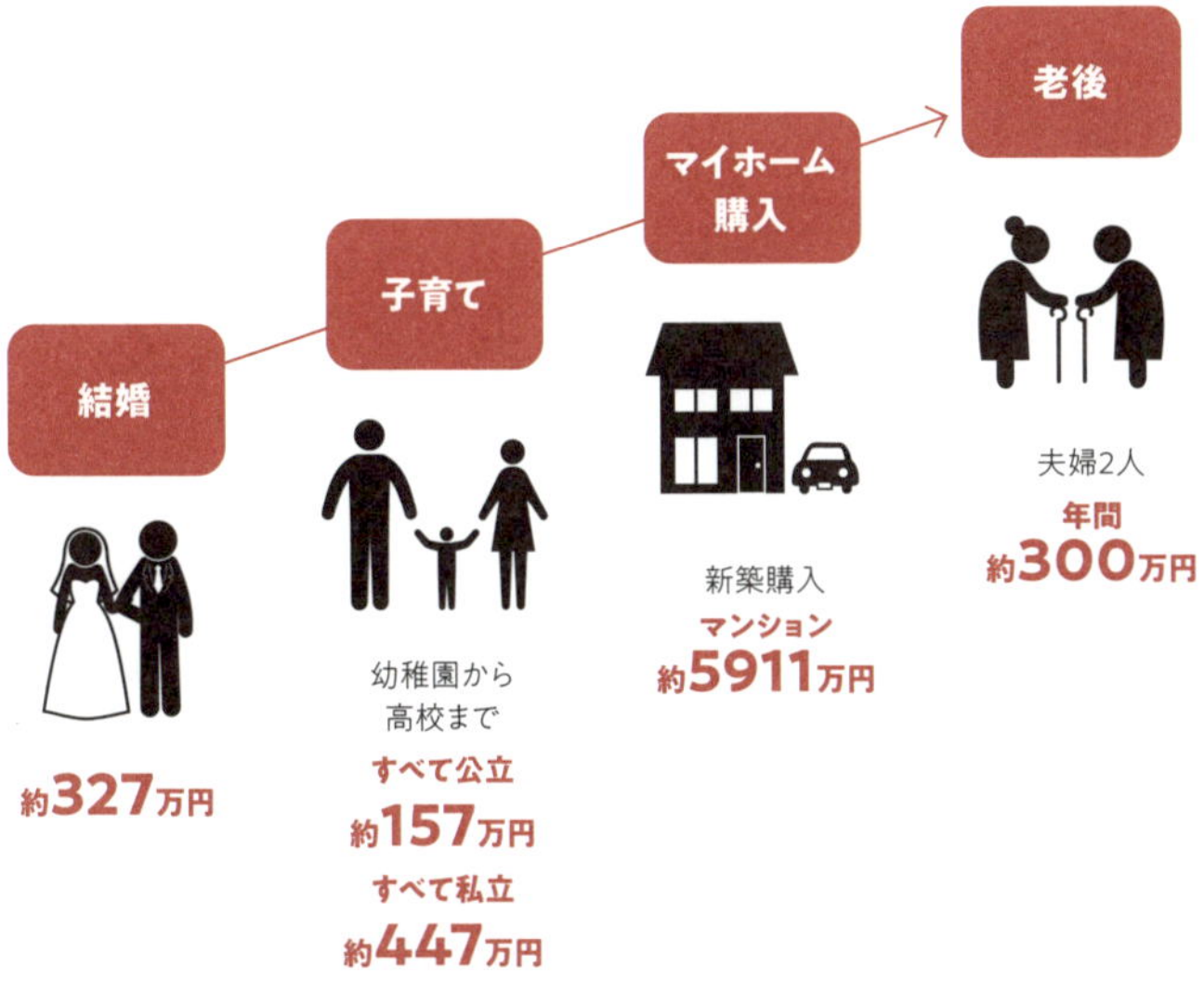

出典：株式会社リクルート「ゼクシィ　結婚トレンド調査2023」、文部科学省「令和3年度子供の学習費調査、国土交通省「令和5年住宅市場動向調査報告書」、公益財団法人生命保険文化センター「老後生活はどれくらい?」

ライフイベントでは大きなお金が必要となります。結婚資金や教育資金など、比較的直近に必要なお金は、投資で運用するのではなく、貯蓄をした方がいい、というのが私の考えです。つまり、低リスク・低リターンな商品での運用が理想といえます。まず、現在必要な生活防衛費は預金で置いておく。そして、直近に大きなライフイベントの予定がない場合は、生活防衛費以外の預金を資産運用の資金として回すのが安心です。

NISAには他にもうれしいポイントがあります

2024年より新NISAがスタートしています。NISAとは投資で得られた利益に税金がかからない制度のこと。通常の投資では、得られた利益に20%の税金（※）がかかりますが、NISAを利用すると非課税という最大のメリットが受けられます。つまり利益として手元に残る金額が多くなるのです。

（※復興特別所得税は考慮せず）

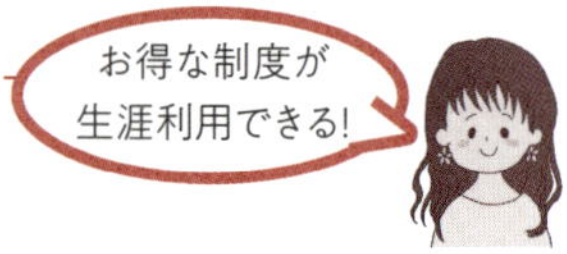
お得な制度が
生涯利用できる!

❶ 制度＆非課税保有期間の恒久化（無期限化）

自分のライフスタイルに合わせた
投資商品が幅広く選べる!

❷ 金融庁が厳選した投資信託が買える「つみたて投資枠」と投資信託以外の個別株やETFなども買える「成長投資枠」が併用可能に

❸ 非課税限度額が年間360万円、ひとりあたり生涯１800万円と拡大

年120万円の「つみたて投資枠」と年240万円の「成長投資枠」が使えます!

❹ 非課税枠の再利用が可能（売却しても翌年に枠が復活、非課税枠1800万円をフル活用できる！）

もともと2014年1月からNISA（旧制度）がはじまり、2018年1月から少額の投資可能なつみたてNISAも開始されました。2024年1月からは制度の恒久化と大幅な非課税投資枠の拡大など、制度が改正されました。

NISAを活用するとどうなるの？ 活用しないとどうなるの？

例えば毎月5万円をNISA口座に積立投資し、仮に年利3%で運用できた場合、下図のように10年目で99万円（元金は600万円）、20年で442万円（元金は1200万円）、30年で1114万円（元金は1800万円）の利益が出ます。もしNISAを利用していないと非課税の優遇が受けられないため、約220万円の税金がかかってしまいます。一方、NISAを利用していれば、約220万円は利益として受け取れるのです。

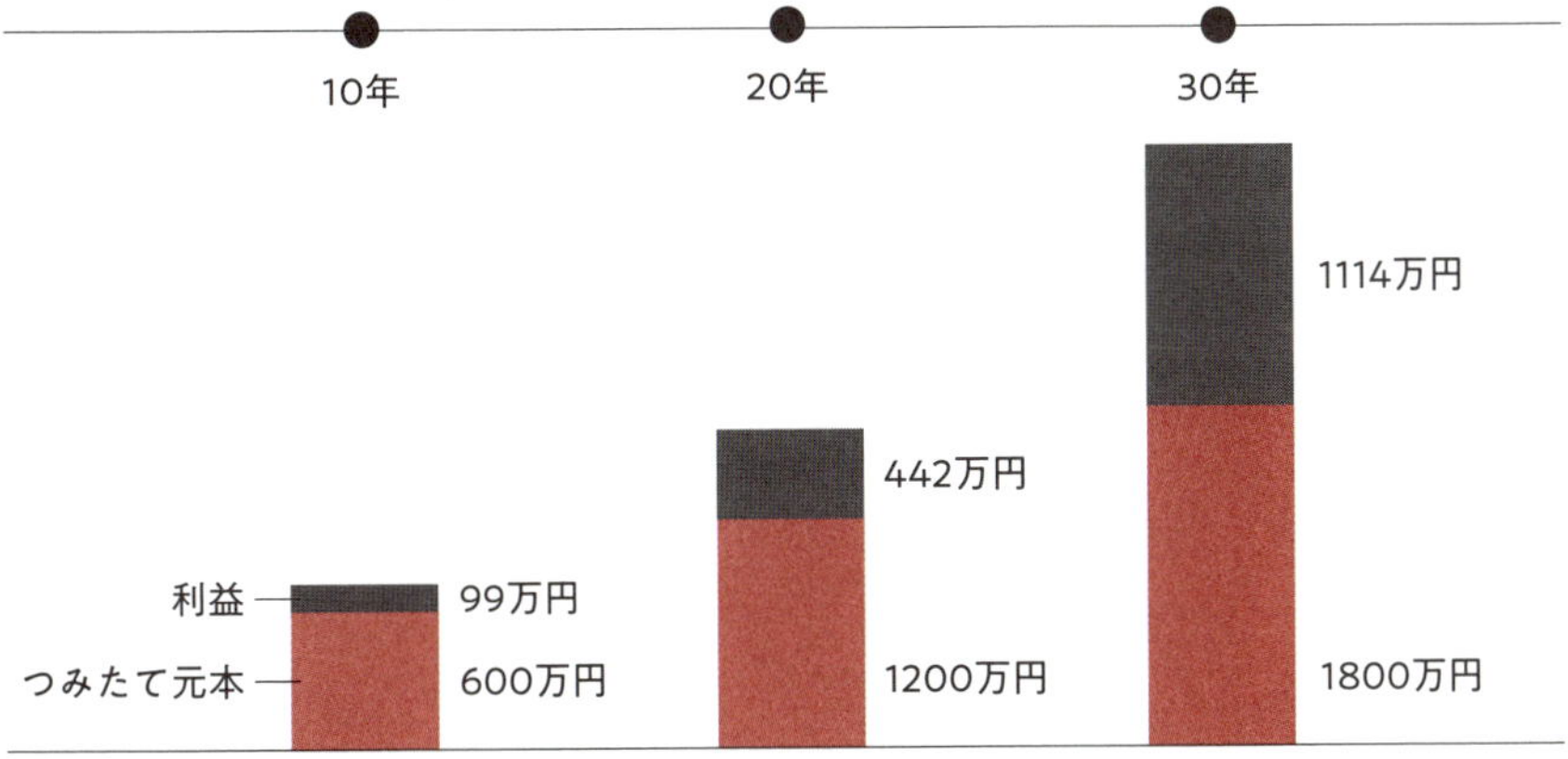

※利回り（年率）3%で運用できたと仮定した場合のシミュレーションであり、手数料、税金等は考慮しておらず、実際値とは異なる場合があります。
※上記は将来の運用成果または投資収益を示唆あるいは保証するものではありません。

NISAは無理のない金額で10年、20年、30年と長期で分散しながら積立投資をし、リスクを抑えながら、運用すればするほど大きな資産形成につながることを目指しています。3万円や5万円といった金額を5年、10年と定期預金しても利息はほとんどつきません。しかしNISAを使って運用すれば利益が出ることは十分あり得ます。加えて利益が得られた場合、その利益はNISAの非課税枠での投資であれば課税されず、資産形成効率も高いです。

おすすめはネット証券ってホント？メリット・デメリットが知りたい！

ＮＩＳＡ制度を取り扱っている金融機関は６００以上あるとされますが、制度を利用したいのであれば「銀行」か「証券会社」のどちらかに口座を開設する必要があります。情報が充実している今の時代、初心者でもネット証券でＮＩＳＡを利用するのはそれほど難しくありません。

商品の取り扱い本数は対面証券に比べてネット証券の方が圧倒的に多く、窓口を介さないので手数料も安くなります。さらにポイントサービスを利用できるのもメリットです。

また、ネット証券なら１００円という少額から積み立て投資が可能。積み立て頻度もネット証券の方が選択肢が多く、家にいながら気が向いたときに設定変更もできます。

デメリットは「店舗に行って相談することができない」くらいで、ほとんどありません。

2大ネット証券、それぞれの特徴と選び方は？

新NISAをはじめるためには証券口座を開設する必要があります。効率的に資産を増やすためには、自分がメインで貯めているポイントを貯めることができるか、という観点で証券会社を選ぶのもおすすめです。

また、一度開設したNISA口座を永久に変えられないということはなく、1年ごとに変更可能です。ただし、NISA口座はひとり1口座しか所有できません。

もし口座変更する場合は、変更したい年分の前年の10月1日から、翌年の9月30日まで（変更したいと希望した年分）と限られた期間内で手続きを行わなければなりません。さらに、希望する年に一度でも商品を買い付けていたら、その年の変更はできません。また、変更前のNISA口座で保有している商品を変更先の新しい口座に移すここともできないため、管理がややこしくなるといったデメリットがあります。

■2大ネット証券の特徴

口座開設数	投資信託取扱本数	NISAつみたて投資枠	ポイントサービス	おすすめできる人
SBI証券	約2609本以上	247本	Vポイント、Pontaポイント、dポイント、PayPayポイント、JALのマイル	左のいずれかのポイントを貯めたい、商品の豊富さを重視したい人
楽天証券	約2566本以上	238本	楽天ポイント	楽天ポイントを貯めたい、見やすい画面を好む人

（2024年8月30日時点）

SBI証券の口座開設と積立設定方法

実際にりぃが使っているSBI証券の口座開設から積立設定までの方法をご紹介。

必要なもの

・マイナンバーカード等確認書類
（マイナンバーカード、通知カードなど）
・本人確認書類２種類（運転免許証など）

STEP 1

WEBサイトから口座開設トップページにアクセスして「無料口座開設をスタート」を選択

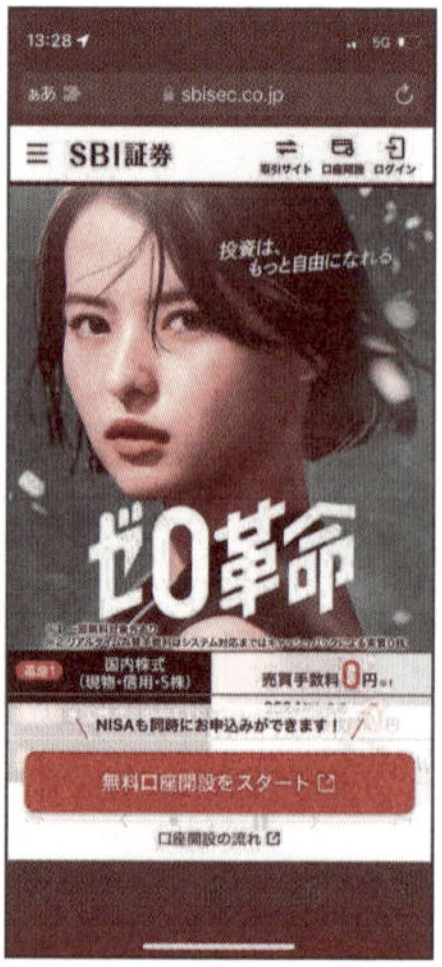

STEP 2

メールアドレスを入力し、認証コードを入力

STEP 3

口座種類を選択します。
口座種類は「特定口座（源泉徴収あり。原則確定申告が不要）」がおすすめ

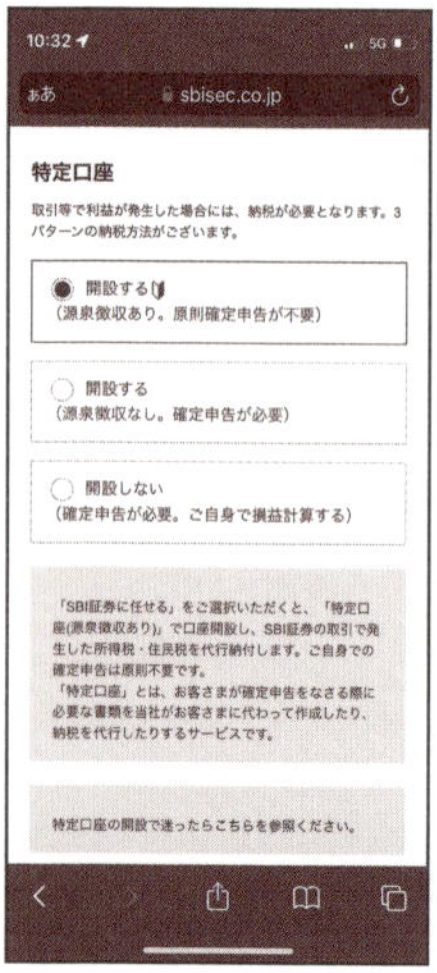

STEP 4

「NISAを申し込む」を選択する

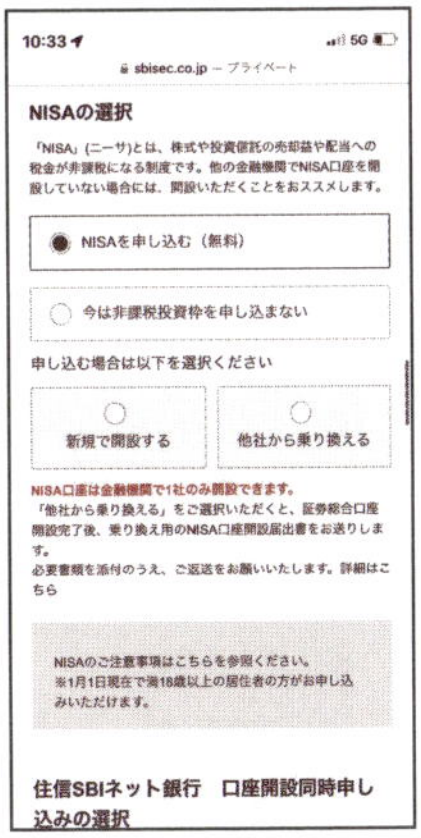

STEP 5

住信SBIネット銀行、SBI新生銀行の同時申し込み

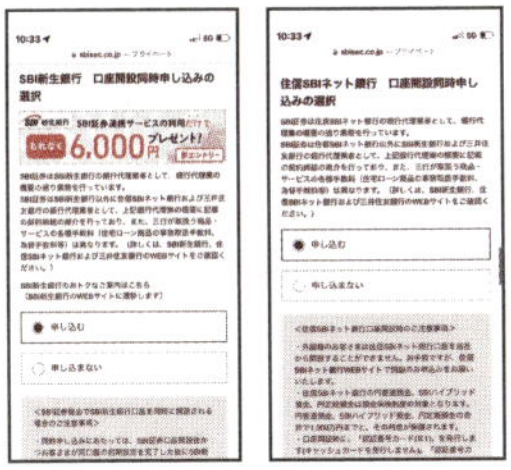

STEP 6

5つのポイントから好きなポイントを選んで申し込み

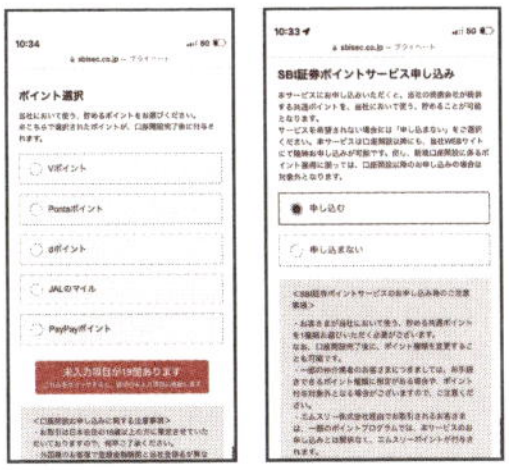

STEP 7

本人確認書類をアップロードします

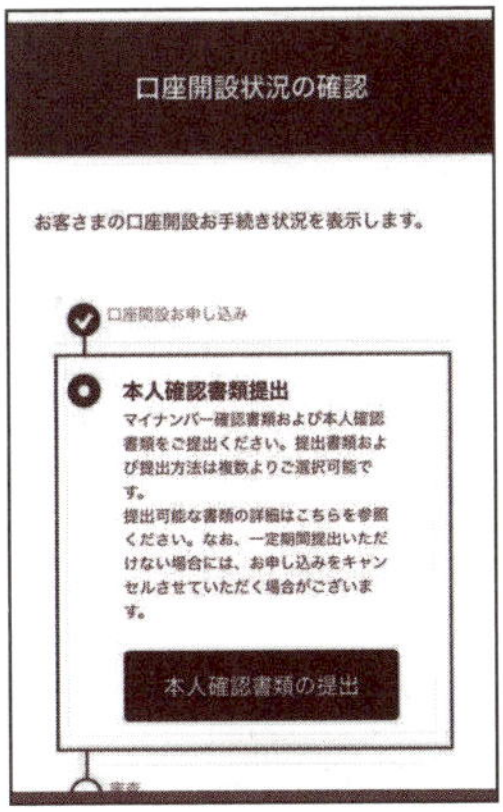

STEP 8

最短翌日に審査が完了し、メールで取引パスワード設定ページへのURLが送付されるので、（「メールで受け取る」を選択した場合）任意の取引パスワードを設定します。初回はログインのときに、口座開設時にSBI証券から発行される「ユーザーネーム」と「ログインパスワード」を入力してログインして完了です

積立設定はアプリからが簡単

まずは「SBI証券かんたん積立アプリ」を
ダウンロードしてスタート！

○ 積立設定はアプリが便利！

アプリの方がブラウザより見やすい！
“SBI　積立”で検索したら出てきます

SBI証券
かんたん
積立
かんたん積立

使いやすくて個人的に
おすすめです。

リスク許容度の
チェックや
保有商品の評価益も
アプリで見られる

STEP 1

「メニュー」の「ファンド検索」から
ファンドを選んで「積立買付」を選択

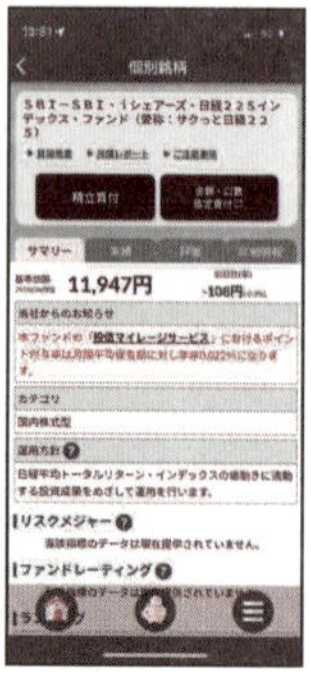

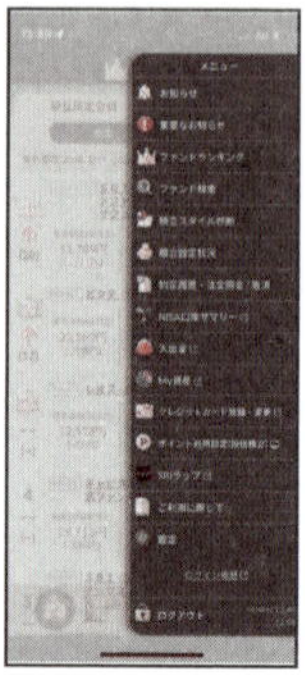

STEP 2

目論見書を確認して同意に
チェック

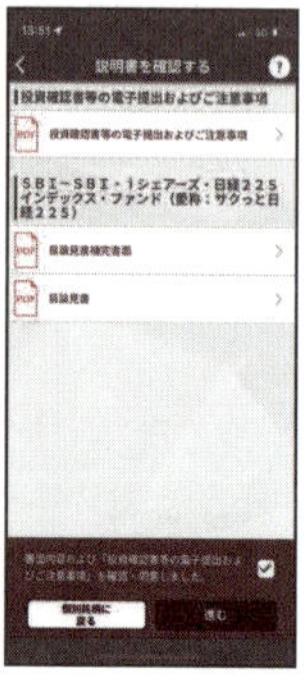

STEP 3

積立額や購入タイミングを選択します

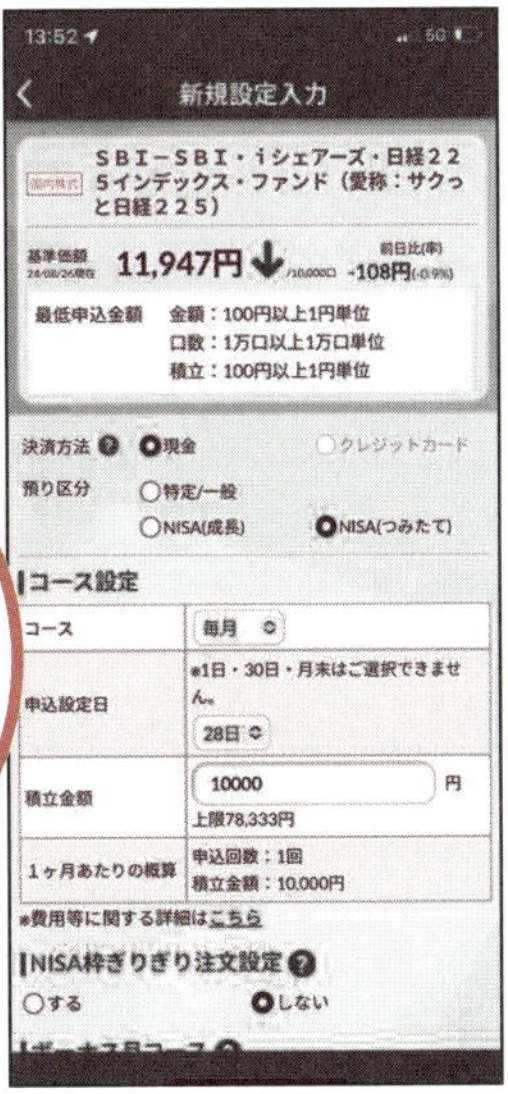

STEP 4

内容を確認して「設定」を押します

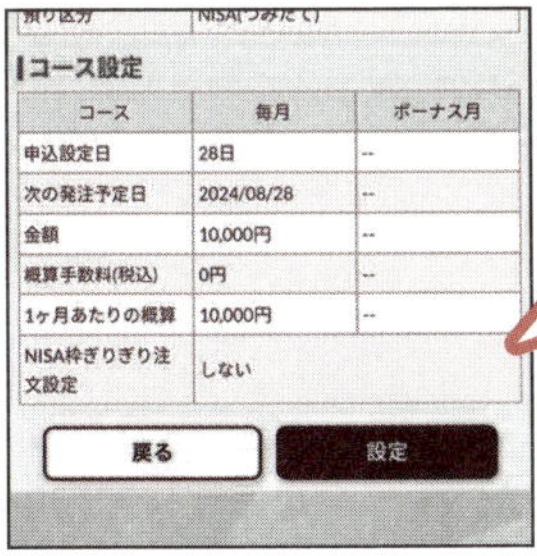

毎月積立だけでなく、毎日積立、毎週積立や隔月、月の中で複数日選択など、柔軟な積立設定ができるのがSBI証券の魅力！
※クレカの場合は毎月積立のみ

ただし、商品・金額の変更も毎月10日までの設定変更で翌月の1日～9日の買付時に反映されます（例：8月10日までの変更設定完了で9月1日以降、毎月3日～9日の自分が積立設定した日に買い付けされる）

増額・減額は「変更」または「追加」で好きなタイミングで変更可能

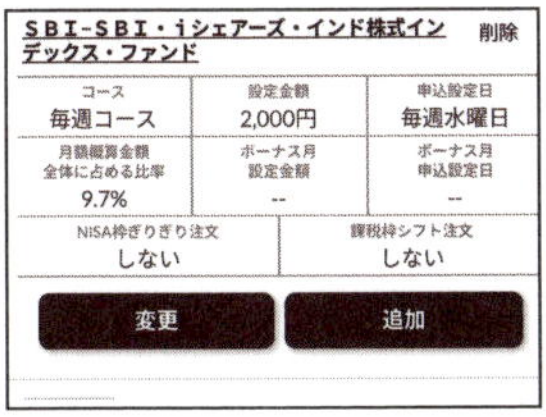

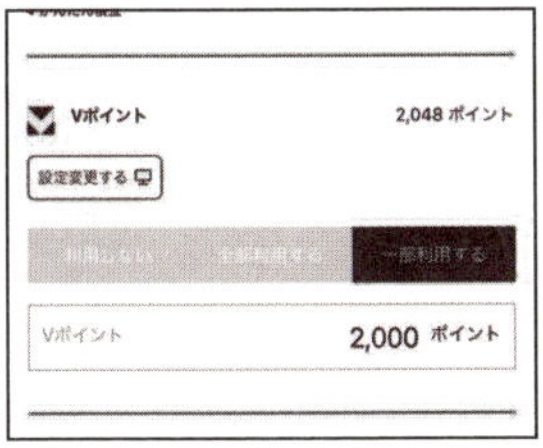

Vポイントや Pontaポイントを利用して投資することも一部指定条件なら可能です！

ポイント利用の投資設定も、アプリならスマホで簡単にできます！

公開！　りぃのつみたてNISAの運用実績の結果はこちら

預金貯金をしているだけでは約154万円程度貯まるだけだった資産が、つみたて投資で運用したことで約215万円にまで増額!!

2020年の5月から楽天証券で「つみたてNISA（旧NISA）」をはじめました。はじめは投資でお金が減ることに対して不安がありましたが、お金が増えていく感覚がつかめたので、毎月積み立てられる満額3万3333円（年間で40万円まで）を自動引き落としで積立投資しました。年間40万円×4年＝160万円をNISAに使うことができ、結果として投資額は154万4499円、トータルリターンは60万以上で+39%になりました。

2020年5月から2023年12月まで毎月積立投資をした結果

2023年12月

楽天証券つみたてNISA資産　215万129円　投資額　154万4999円

トータルリターン　＋60万5130円（＋39.16%）

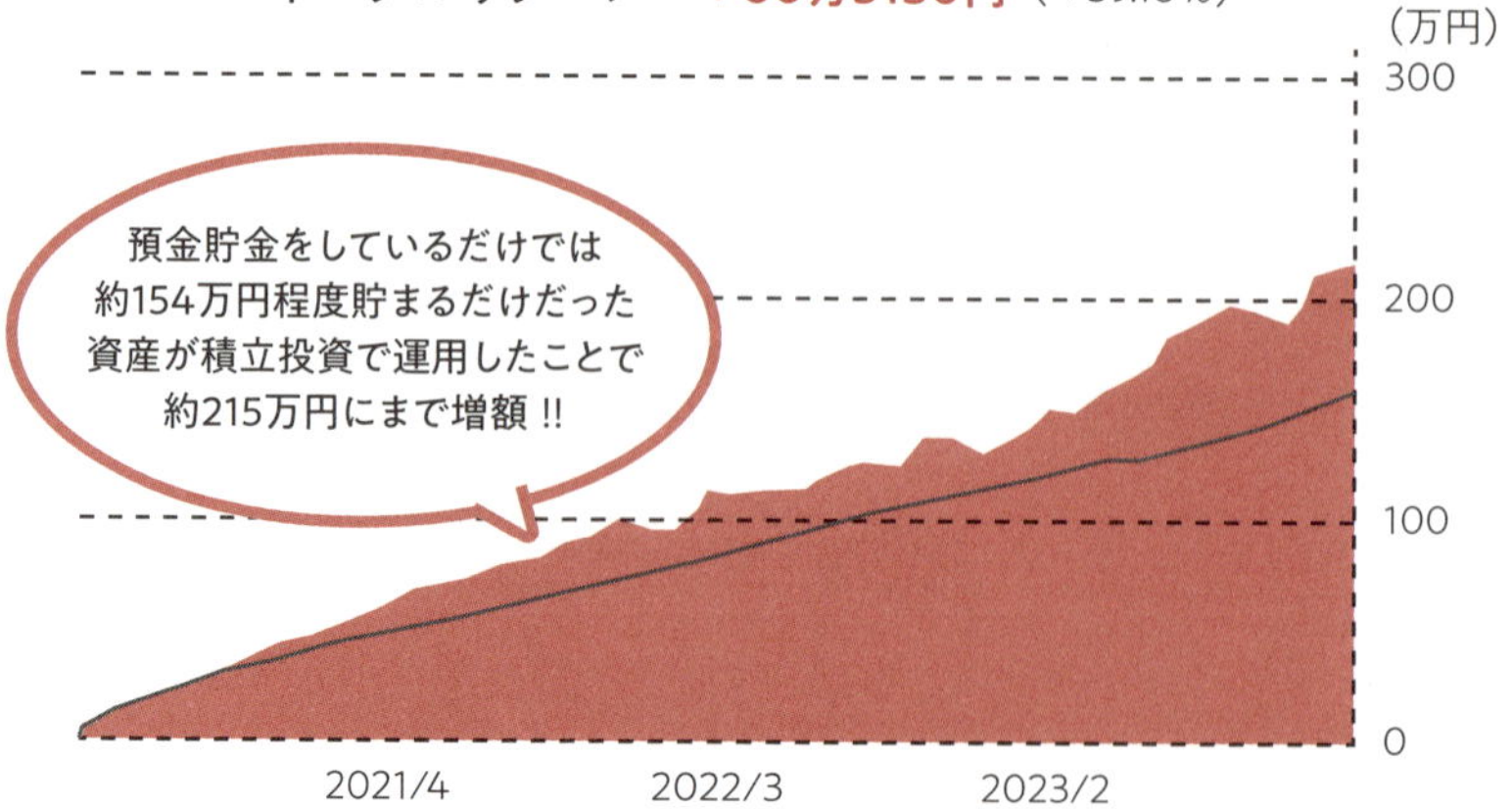
(万円)
300
200
100
0
預金貯金をしているだけでは
約154万円程度貯まるだけだった
資産が積立投資で運用したことで
約215万円にまで増額!!
2021/4
2022/3
2023/2

2024年1月、新NISAスタート！ SBI証券で積立投資を継続し、楽天は運用のみの継続に！

2024年1月、新NISAがスタートしたタイミングでSBI証券で新NISAによる積立投資をスタート。2023年12月までに楽天証券で買い付けたNISA商品はSBI証券に移管できないため、楽天証券に残しています。つみたてNISAは長く非課税の恩恵を受けるために、20年後、課税口座への払い出しのタイミングまでこのまま置いておく予定ですが、運用は継続されるため、現在も運用によって資産が増えています。

2024年1月以降は毎月10万円をSBI証券に積み立てています（三菱UFJeMAXIS slim全世界株式を購入）。6月までは順調に増えましたが、7月8月は世界的な暴落の影響を受けています。しかしこのようなときこそ、毎月同じ金額を積み立て続けることが長期投資のポイントです。

NISA資産

278万2518円

＋123万7519円（＋80.09%）

SBI証券の新NISA評価益とその推移

（つみたて枠）

2024年　新NISA投資額と含み益推移

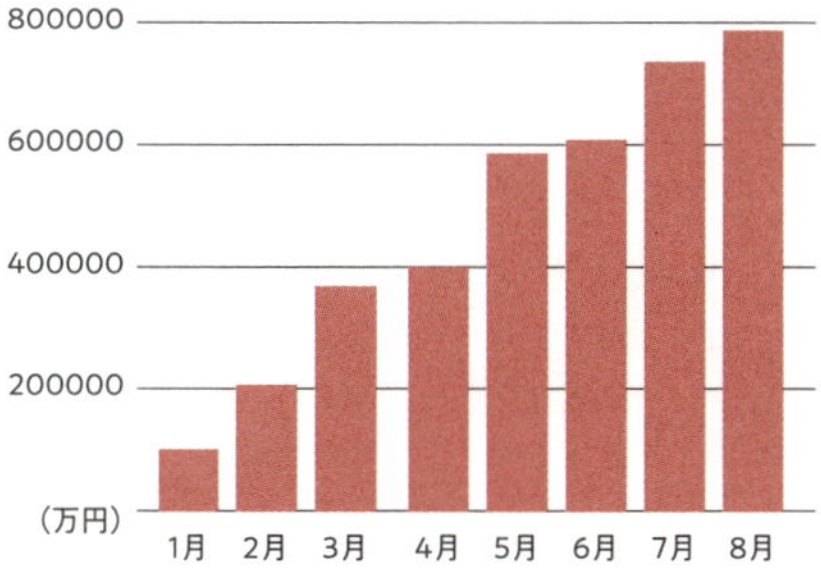

三菱UFJ-eMAXIS Slim　全世界株式（オール・カントリー）

金額保有		
評価損益	取得単価	分配金受取方法
＋8万0216円	2万3726円	再投資
預り区分	基準単価	保有金額
NISA（つみたて）	2万6654円	73万0220円

何歳からでもつみたて投資はスタートできる！

「つみたてNISA」は18歳以上であればいつからでもはじめられます。「長く」「分散しながら」「積み立て続ける」ことで結果が出てくる投資なので、少額でもよいので今からスタートさせましょう。

金融庁の「つみたてシミュレーター（https://www.fsa.go.jp/policy/nisa2/tsumitate-simulator/）」にアクセスし、毎月の積立金額を入力すると10年後、20年後、あるいはそれ以降にどれくらい資産が増えているかがイメージできます。

金額別シミュレーション（月3万円の場合）

1 毎月3万円を年利3%で10年積み立てた場合
419万円（元本360万、運用利益59万円）

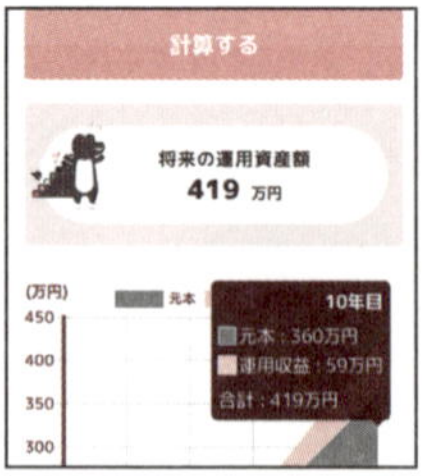

2 毎月3万円を年利3%で20年積み立てた場合
985万円（元本720万、運用利益265万円）

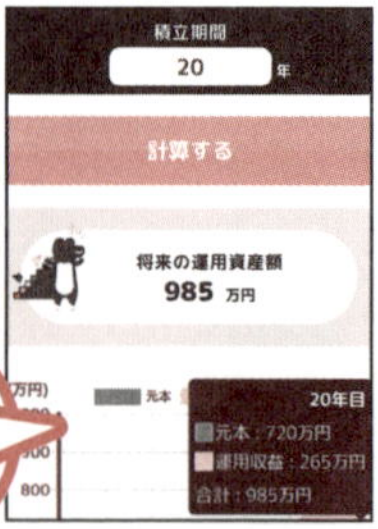

15年経過あたりから、増え方が加速します

3 毎月3万円を年利3%で30年積み立てた場合
1748万円（元本1080万円、運用利益668万円）

積立投資は20年以上の長期投資、長期保有がおすすめとされる理由はここにあります

積立金額を もう少し増やしてみたらどうなる？

金額別シミュレーション（5万円の場合）

こちらはちょっと頑張って毎月5万円を積立投資した場合シミュレーションです。5万円になると30年で3000万近くにまで資産が増える見込みです。これなら老後の不安も解消する目処が立つのではないでしょうか。

5 毎月5万円を年利3%で20年積み立てた場合1642万円（元本1200万、運用利益442万円）

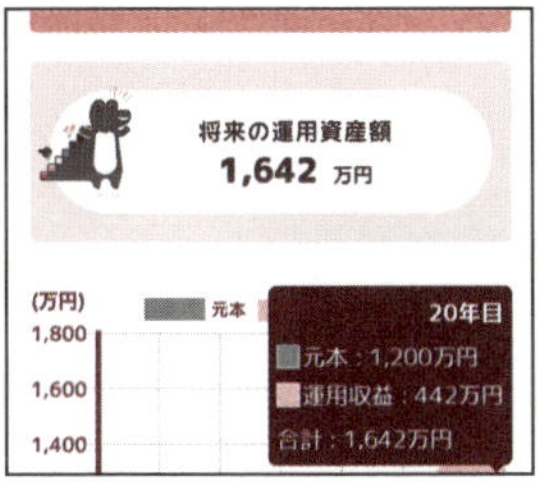

4 毎月5万円を年利3%で10年積み立てた場合699万円（元本600万、運用利益99万円）

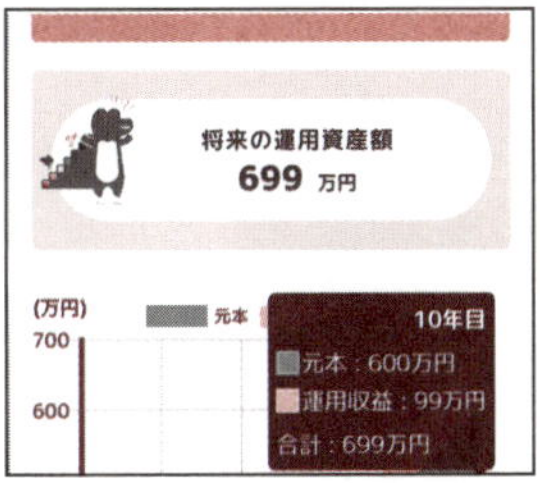

6 毎月5万円を年利3%で30年積み立てた場合
2914万円（元本1800万、運用利益1114万円）

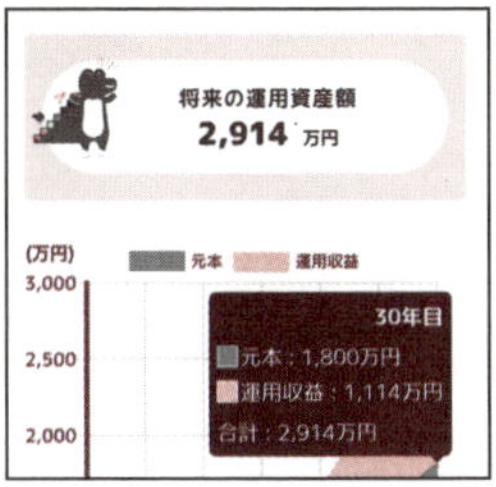

こちらでご紹介している数値や金額は、金融庁ウェブサイト「つみたてシミュレーター」を用い、毎月の積立金額、想定利回り（年利）、積立期間を仮定して入力した結果となります。シミュレーターは過去のデータなどに基づいて試算したものになるため、実際値とは異なる場合があります。

また、将来の結果を予測し、保証するものでもありません。積立金額や積立期間をイメージする目安として参考にしてみてください。

出典：金融庁ウェブサイト　つみたてシミュレーター
https://www.fsa.go.jp/policy/nisa2/tsumitate-simulator/

NISAの商品選びのコツは？

ここまでの流れで、銀行にコツコツ貯蓄するだけではなく、証券口座、特にNISA口座を使って毎月貯蓄感覚で投資（運用）をはじめてみたい！　と感じた方も多いと思います。NISAの仕組みや商品選びについてはもう少し詳しく説明していきましょう。

○「つみたて投資枠」と「成長投資枠」がある！

NISAには2つの枠があります。「つみたて投資枠」は長期の積立分散投資を目的としていて、金融庁が定める一定の基準を満たした投資信託が対象になっています。

一方、「成長投資枠」はそれ以外の投資信託や株式にも投資ができるので、対象商品がつみたて投資枠より圧倒的に多いのです。初心者の方は、まずは「つみたて投資枠」から商品を選ぶと安心です。

資金や投資目的に合わせ2つの枠を使いこなそう！

投資できる額	つみたて投資枠	成長投資枠
年間投資枠	120万円	240万円
最大利用可能額	1800万円	1200万円
投資するモノ	長期の積立向きに限定!	投資も株も幅広く対象!
インデックス投信 バランス型投信	○	○
アクティブ投信	△	○
株式	×	○
ETF	△	○
リート	×	○

合計で最大1800万円

インデックス投信は株式型のみ*1

投資対象の制限はなし*2

対v象は18本のみ

日本株も海外株もOK*3

対象は8本のみ

国内上場企業の多くが対象*2*3

※1 そのうちさらに、信託報酬が一定水準以下、販売手数料がゼロなど金融庁が定める条件を満たすもの。

※2 信託期間20年未満、毎月配分型、高レバレッジ型（ブルベア型など）は対象外。

※3 整理銘柄や監理銘柄は対象外。

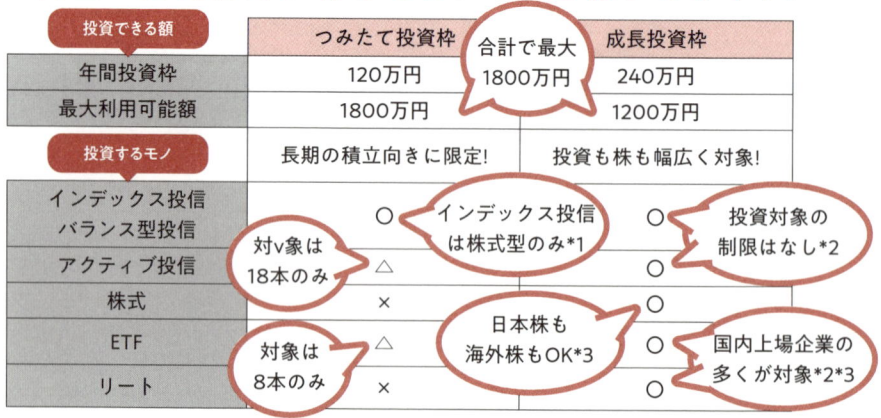

つみたて投資枠の商品の選び方

つみたて投資枠の商品選びの考え方

つみたて投資枠で購入できる商品は、金融庁が定める要件を満たす株式投資信託と上場株式投資信託（ETF）に限定されています。そのため、投資経験がない人でも「少額から長期・積立・分散で投資する」のに向いている商品しかありません。さらに大きな特徴として「購入時販売手数料が0%のもの」「信託報酬が低水準」といった商品が選ばれています。

あとは自分で「投資対象（国、地域、株式か債券か不動産か）」「ファンドの種類」を確認し「信託報酬」ができるだけ抑えられているものを選びましょう。各証券会社で人気ランキングも出ていますが、一般的に人気の商品は以下となります。

- **インデックスファンド**：日経平均株価など特定指標に連動する成果を目指しているので目指す市場の平均以上の利益はあまり期待できない。
- **バランスファンド**：ひとつのファンドで株式や債券など複数の資産に分散投資するファンド。値動きがわかりやすい。
- **アクティブファンドや新興国ファンド**：積極的な運用で高い利益が期待できる一方で市場の平均を下回るリスクは高まる。

新NISAつみたて投資枠のおすすめ商品10選

分類・こんな人におすすめ	商品名
インデックスファンド（手数料を抑えたい方におすすめ）	eMAXIS Slim全世界株式（オール・カントリー）
	SBI・全世界株式インデックス・ファンド（雪だるま）
	楽天・全世界株式インデックス・ファンド
	eMAXIS Slim先進国株式インデックス
	eMAXIS Slim米国株式（S&P500）
バランスファンド（1本で分散投資したい方におすすめ）	eMAXIS Slim バランス（8資産均等型）
	世界経済インデックスファンド
	三井住友・DC年金バランス30（債券権重点型）
新興国ファンド（積極運用したい方におすすめ）	eMAXIS Slim新興国株式インデックス
	iTrustインド株式

新ＮＩＳＡの「つみたて投資枠」で運用できたら、「成長投資枠」も活用しよう！

新ＮＩＳＡには「つみたて投資枠」と「成長投資枠」があることをご理解いただけたと思います。そしてまずは**家計に無理のない範囲で、少額でもよいので「つみたて投資枠」で選んだ商品でコツコツと積立て20年以上の長期間**、将来（老後など）に向けてゆっくり資産運用することが大切です。一方で、新ＮＩＳＡ制度では「つみたて投資枠」と「成長投資枠」の併用が可能というメリットが追加されました。このメリットを活かすために、せっかくなので「成長投資枠」も使ってみてはいかがでしょうか。

「成長投資枠」は「投資信託」だけでなく「個別株（日本株、米国株）」「ＥＴＦ（上場投資信託）」など幅広い商品の中から投資商品を選んで運用することができます。どの銘柄を購入すればいいのか？　や、購入のタイミングについては自分で判断するしかありません。少しチャレンジになりますが、無理なくトライする方法をご紹介できればと思います。

りぃのお金の貯め方、増やし方のステップ

Step1 毎月の給料から先取り貯蓄（月6万円を目安に！）

- 日々お金の流れを整える
- 必要な出費にはお金を惜しまず、無駄な出費を削る
- 心が豊かになる無駄は予算の範囲内で楽しむ
- ポイントは第2のお金と理解して無駄にしない

Step2 差額はボーナスで補填し、年間100万円の貯蓄を達成！

- 基本的には生活防衛費として100万円はキープする
- ライフプランを考えて必要なお金を逆算する
- 数年後～10数年後の短・中期で必要なお金は現金で貯める

Step3 老後の資金は早めにNISAをはじめてお金にも働いてもらう（運用）

- NISAの「つみたて投資枠」で買える商品で長期運用する

Step4 「成長投資枠」を使って個別株やETFにもチャレンジ！

投資を学ぶための近道は？

ＮＩＳＡの成長投資枠を使って個別株等を購入する場合、もちろんある程度の勉強と知識は必要です。ただ、「ポイント運用」や「つみたて投資枠のＮＩＳＡ」などを実践していれば、心配する必要はありません。個別株の購入もスマホで簡単にできますし、余剰資金の範囲でまずは実践することが一番の学びになると感じるからです。

私も初めてＮＩＳＡのために証券口座に入金した金額は５０００円でした。でもたった1か月でお金が働いてくれて、何もしていないのに資産が増え、とても驚きました。そしてすぐにその当時の満額の３万３３３３円に設定を変えました。その2か月後には、米国個別株に興味が湧き、少額ですがＧＡＦＡＭ（Ｇｏｏｇｌｅ／Ａｐｐｌｅ／Ｆａｃｅｂｏｏｋ／Ａｍａｚｏｎ／Ｍｉｃｒｏｓｏｆｔ）と呼ばれる、私の身近にあるサービスの株（私はＡｐｐｌｅ）を購入しています。さらに1か月後、つまり投資をスタートして3か月後には単元株で日本株も購入しています。翌月に米国株で「損切り」をして25万円マイナスを出す経験もしていますが、そのあたりから投資について勉強するのがどんどん楽しくなりました。やはり実践が学びの一番の近道だと感じます。

りぃの投資遍歴の年表

2020.4	楽天ポイント運用でインデックス、アクティブなど投資の基礎を学ぶ
2020.5	銀行員の友人に資産運用について相談し、つみたてNISAをすすめられる。はじめは恐る恐る5000円から開始
2020.6	お金が増えるのがうれしくてつみたてNISAを満額（約3万3000円）に設定変更
2020.8	米国個別株に興味が湧き、コロナ禍だったこともあり、試しにワクチン株やGAFAMを数株購入
2020.9	日本株で応援したい企業を初めて100株購入 同時にポイ活で他の証券口座も開設するようになる
2021.1	LINE証券で少額投資デビュー
2021.3	PayPay証券で米国株の少額投資デビュー
2021.5	特定口座でも投資開始。クレカのポイント還元の上限5万円を目指す
2024.1	特定口座を売却して一部を新NISAに充当
2024.3	特定口座を売却したお金で人生初ヨーロッパひとり旅 現在は新NISAメインに米国個別株、日本株、暗号資産、金、債券ETFなどいろいろ所有

リスク許容度の範囲で、少額からチャレンジ。失敗しても分析して勉強のチャンスに

投資や運用、経済や金融に関しては、ニュースや書籍、インターネットなどさまざまな情報があります。私はその中で**わからない単語が出てきたらきちんと紙に書き出し、自分なりに調べるようにしています**。例えば、「アクティブ運用とパッシブ運用」という言葉がわからなければそれを書き出して、自分なりに調べて比較し、どちらが自分の投資スタンスにしっくりくるかを考えます。もちろん、自分で納得した選択であっても正しいかどうかはわかりません。だから１００円など少額から商品を買ってみるようにしています。

また**失敗した場合にどれくらいなら許せるか「リスク許容範囲」を決めておくのも大切**です。例えば、５０００円まで、あるいは1万円までなら失敗していい、という許容範囲は人それぞれ違います。1円も失敗してはいけないと思うと怖くて何もできませんが、自分で決めたリスク許容範囲内であれば、そこまでダメージを受けずに済むはずです。

もちろん、うまくいかなったときに落ち込むだけではなく「どうしてこうなったのだろう？」と分析し、次に同じことを繰り返さないように対策を考えるのも、大きな経験と勉強になります。

投資をするうえで重要なのは確かな「情報収集」

投資は１００円でもいいので実際にやってみた方がいいと思います。頭の中で想像するよりも実際にお金を運用した方が、学びのスピードや本気度が変わるからです。

例えば経済ニュースで「半導体銘柄が上昇」と流れたら、「半導体銘柄ってどんなのがあるのかな？」と調べたり、「債券が上がっている」と流れたら「なぜ上がったのだろう？」「じゃあ、株価はどうなるのかな？　自分の持っている銘柄をチェックしよう」とか、「金利が上がっている」と流れたら、「債券や株価にどんな影響があるのかな」、と調べたり。

私の場合、**耳に入る情報をきちんと精査してアウトプットすることで、自然に学びが深まり投資感覚が身についてきました**。その感覚を持って実際に購入したのがテスラ、エヌビディア、クラウドストライクの株です。電気自動車（ＥＶ）の話をよく聞くようになり興味を持って調べたテスラ株を。そしてＥＶの時代になるなら半導体も連動してますます需要が上がると予測しエヌビディアを。そうなるとさらにＩＴはもっと盛んになるだろうからセキュリティソフトとしてクラウドストライク、という感じで連想ゲームのように考えて買っています（現在は売却している株もあります）。

無料で投資の勉強ができる、おすすめツール

投資に関する書籍もたくさん読んでいますが、便利な無料ツールを使って、隙間時間でコツコツと情報収集するのもおすすめです。情報は常に変わるので、情報の鮮度を意識したいからです。

日経テレコン

楽天アプリspeedで読める「日経新聞（日経テレコン）」は本来有料（月6000円~）ですが、楽天証券ユーザーなら無料で読むことができます。

トウシル

同じく楽天証券の投資情報メディアで、初心者向けから中上級者向けまでの豊富な投資ニュースの解説情報が網羅されています。

Voicy

通勤中に耳から学べる音声配信アプリ！「大河内薫の“お金の学び”ラジオ」、「ヤング日経」、「Tech Latest by Nikkei Asia」などがおすすめチャンネル。

NewsPicks

ソーシャル経済メディアで国内外の最先端の経済ニュースが網羅されています。専門家の解説やコラムも充実。

Yahoo!ファイナンス

金融系のニュースが凝縮。株価やチャートなどもチェックできるので、サイト内で効率よく情報収集できます。

（※2024年7月15日現在）

初の投資失敗談。〇万円のマイナス？

つみたてNISA開始4か月後に興味があった米国個別株の短期投資を、決算やチャートの読み方の本で勉強しながら、見よう見真似でトライしました。

米国個別株に興味を持ったのは「個別株の方が利益の恩恵が大きい」「配当金をもらいたい」という単純な理由です。とはいえ自分で選んで個別株購入をするのはリスクが高く、勇気も必要でした。そこで、X（当時のTwitter）で活躍する投資家が薦める、コロナ禍に人気だったハイグロース株（業績や利益の成長率が高く、今後も成長が見込まれる株）を真似して購入。これが大きな失敗でした。購入当初はグンと株価が上がったのですが、売り時がわからず「どうしよう!?」と迷っている間に株価が急落……。個別株に慣れておらず、**買い増しして平均購入単価を下げようとしたところ含み損が増大。泣く泣く25万円分の損切り**をしました。

個別株は余剰資金で、かつ人の言葉を鵜呑みにせず自己責任で、購入することが大事とわかり、よい勉強代になりました。

NISAの成長投資枠、どんな買い方使い方があるの？

NISAの「つみたて投資枠」である程度長期運用の目標や資産形成の目処が立ったら、「成長投資枠」も使おうとお話ししましたが、成長投資枠で買える商品や成長投資枠の特徴について確認しておきましょう。

そもそも成長投資枠とは、つみたて投資枠の年間120万円の枠とは別に、上場株式や投資信託などを非課税運用できる枠のことで、年間240万円まで投資可能となっています。

一般的な活用方法は以下の3つです。

成長投資枠3つの活用方法

パターン① つみたて投資枠と同じ投資信託を買う

パターン② つみたて投資枠では買えない投資信託を選ぶ

パターン③ つみたて投資枠では買えない株式を選ぶ

新NISAの商品購入方法

積立購入	月々の積立額や積立日を自分で設定し、決まった商品を自動的に買い続ける方法
スポット購入	購入したいタイミングで都度注文を入れ、商品をスポット的に購入する方法

「成長投資枠」では「積立購入」と「スポット購入」の2つの買い付けが可能です。株価が下落しているときにスポット購入できるのも成長枠投資のメリット。

成長投資枠、いったいどう使う？！

パターン① つみたて投資枠と同じ商品を買う

・限られた商品の中から選ぶことができる（インデックス投資信託）
・商品選びに時間がかからない
・ポートフォリオが多様にならない
・成長投資枠にしかない特徴が活かしきれない

パターン② つみたて投資枠では買えない投資信託を選ぶ

・つみたて投資枠にない商品に投資できる
・商品の選定が必要
・アクティブな投信を選んだ場合はリスクは高めになる傾向がある

パターン③ つみたて投資枠では買えない株式を選ぶ

・個別株を選ぶ楽しみがある
・配当金や株主優待も楽しめる
・投資の難易度が上がる
・リスクは高めになる

りぃはこの
パターン①とパターン③で
「つみたて投資枠」と
「成長投資枠」を
使っているよ

❶ 自分の身のまわりの企業を「推す」

繰り返しになりますが、私は投資をはじめて2か月後にはいわゆるGAFAM（Google／Apple／Facebook／Amazon／Microsoft）と呼ばれる米国企業の株の中から購入しています。理由は大きく2つあり、ひとつは**「原則として日本株は100株単位で購入する必要があり資金的に購入が難しいけれど、米国株だったら1株から購入できるので比較的手が出しやすい」**から。そして2つ目は**「私が好きな企業、身近な企業に投資したい」**からです。

実際に、2021年8月にAppleの株を購入しましたが、これは私自身がApple製品の大ファンで、iPhone／Macbook／iPadとApple製品を長く愛用しており、これからも使い続けたいと思えるからです。また、2021年10月に購入したテスラ社の株もEV関連のニュースをよく耳にしたのに加え、友人が関係企業に勤めていたので応援したいという理由から購入を決めました。米国株は私にとって身近で応援しやすく、また買いやすい価格の投資商品です。円安が進んでいるので1株で買えるといってもどんどん値上がりしていますが、Appleは3万円くらいで購入できます（※）。

（※2024年7月1日現在）

身近な企業を応援！ 推し感覚で1株から購入してみよう

iPhone MacBook	Apple
検索 マップ Gmail YouTube	Alphabet (Google)
Instagram Facebook	Meta (Facebook)
買い物 aws クラウドのサーバー 動画	Amazon
Windows ワード エクセル パワポ クラウドのサーバー Azure	Microsoft

他にもコカ・コーラ、スターバックス、NIKE、Netflixなど、私は自分の「推し」企業を応援するために少額ですが購入するようにしています。

りぃの「推し株」はこちら！
米国株を少額で楽しむ

米国株を1株から購入する場合、NISAでつくった証券口座に米国株の取り扱いがあれば、「成長投資枠」で購入することができます。NISAの恩恵が米国株でも享受できて、証券会社のNISA以外の課税口座（特定口座・一般口座）で購入するのとは異なり、成長投資枠を利用すれば、配当や利益に米国の税金10％はかかるものの、日本の税金20％は免除となります。皆さんがNISAで利用している証券会社でも米国株が1株から成長投資枠で購入できるはずなので、一度確認してみてください。

ちなみに私の場合、米国を含む外国株はNISA口座ではなくPayPay証券で購入することもあります。PayPay証券の場合、1株数十万円する企業の株も1000円単位で購入でき、資金不足による投資の機会損失が防げます。リーズナブルにお試し感覚で投資できるのも楽しいです。

1000円で株を購入できるのはとても手軽で楽しく、株を買いたいからラテマネーを減らそうとさえ思うほどになっています。つまり私的にはうれしい節約効果もあるのです。1000円単位だから損をしても気持ち的に楽というのもあります。

「推し株（米国株）」の成績を全公開！

PayPay証券 保有資産

評価額合計（株式）　8万6812円
前日比　+1788円（2.10%）
評価損益　+4万5930円（112.34%）
投資元本　4万0882円
※2024年7月1日時点

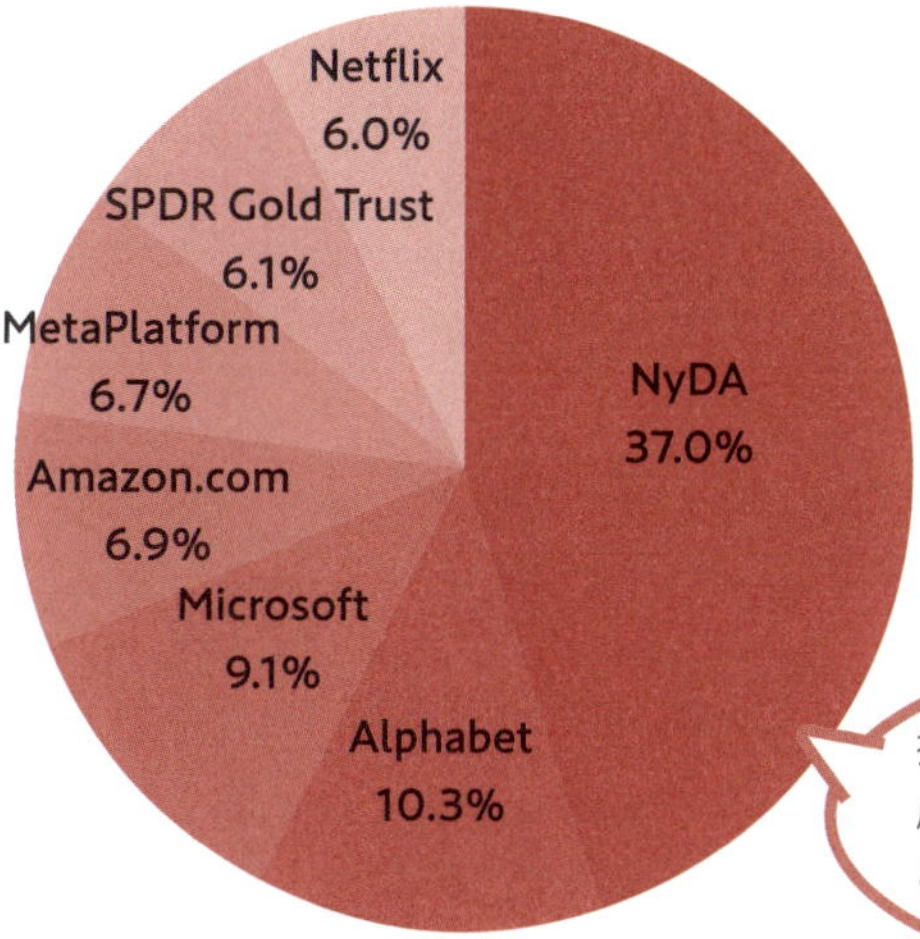

投資元本は約4万円程度ですが、成績としては倍になっていて、とっても楽しく運用できています。

PayPay証券で購入しているりぃの“推し株”

- スターバックス：ときどき飲むスタバドリンクと、スタバで過ごす時間が至福！
- Netflix：大好きな韓ドラが豊富で、おうち時間のおともに毎月課金！
- NIKE：NIKEのスニーカーがかっこよくて好きだから！
- illumina：前職に関連する銘柄で応援したい！
- コカ・コーラ：コーラが好きでときどき飲む！　これからも愛飲するので！
- GAFAM関連株：米国の主要企業という憧れと安心感で購入。値上がりも期待して！

成長投資枠で個別株を購入するなら
ちゃんとチャートや決算書をチェックしよう！

個別株に投資できる余剰資金が10万円程度あるのであれば、成長投資枠を使って個別株を購入するのもありだと思いますが、個別株を選ぶにあたり、各証券会社が出している人気ランキングや優待・配当ばかり見て、あまり考えずに購入している人が多いように感じます。

しかし個別株を購入するときは、購入を考えている会社が発表している決算書や、企業の経営状況、できれば四季報やチャートで本当に優良企業なのか、今が買いどきなのかなどをご自身で確認した方がよいでしょう。ここでは細かい見方は割愛しますが、少なくともチャートは長期（月足）で見たときに右肩上がり（＝上昇トレンド）になっているかは確認すべきです。

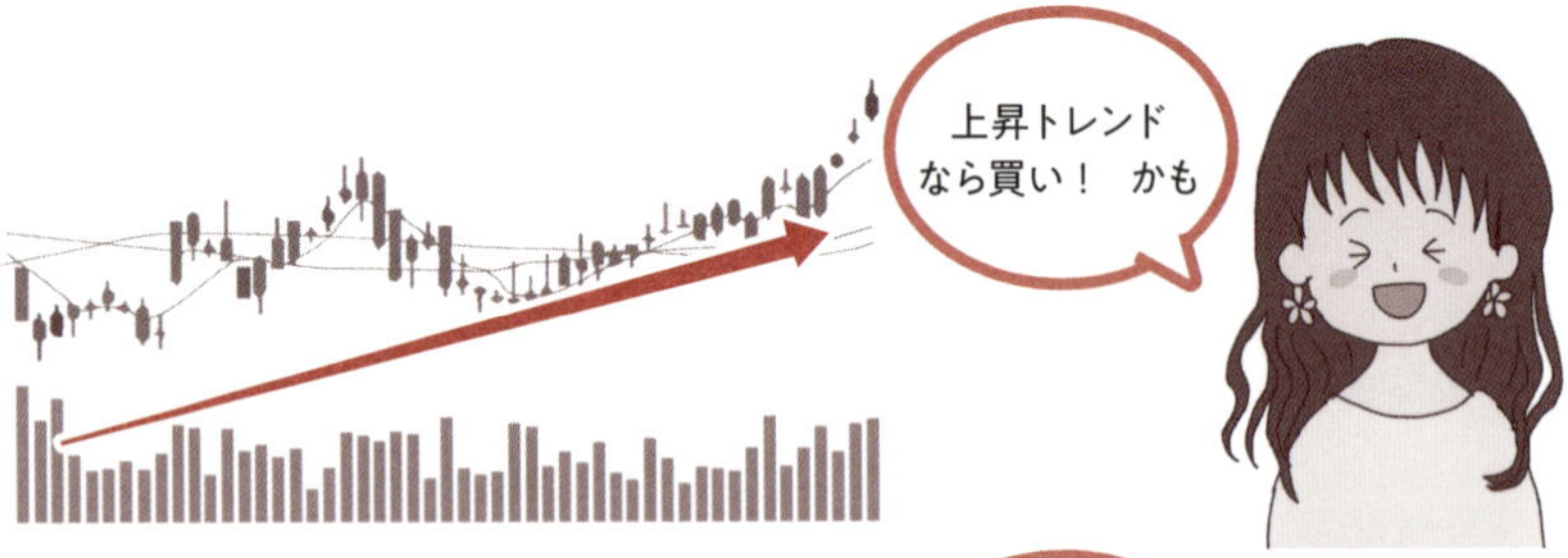

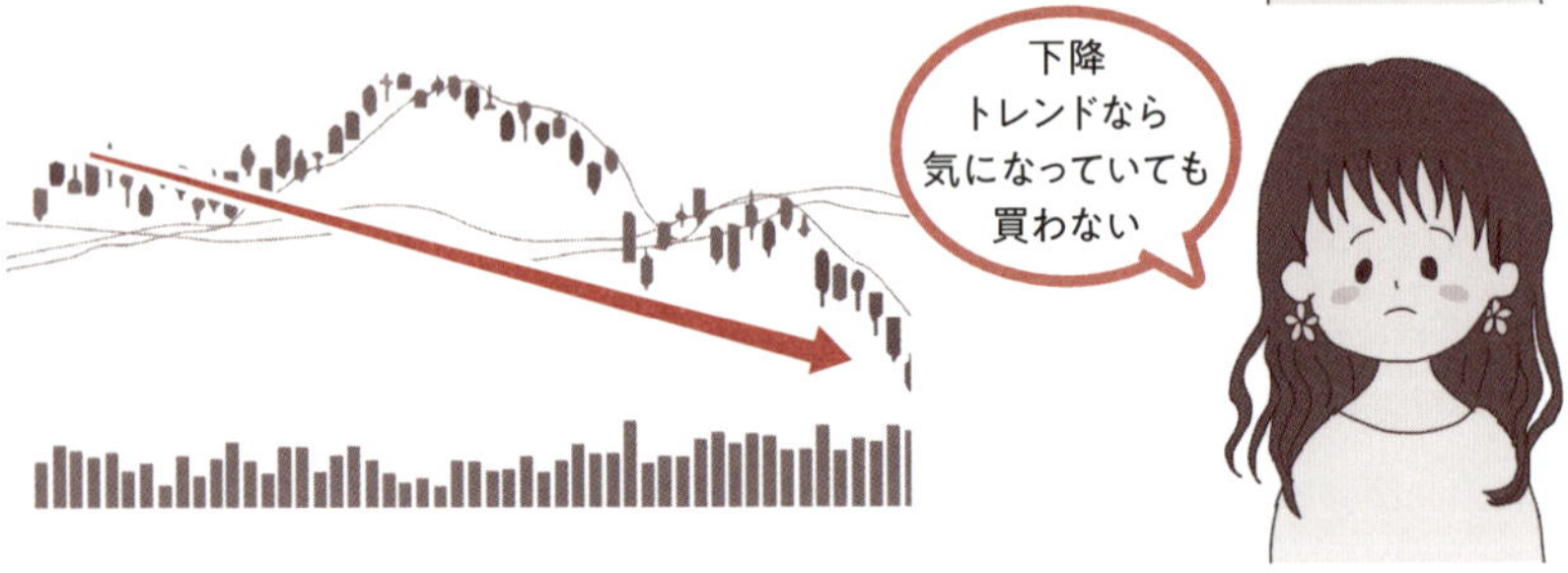

「成り行き注文」と「指し値注文」についても確認しておこう！

基本の注文方法はこの2つ

おすすめはこっち!

	成《なり》行《ゆき》	指《さし》値《ね》
特徴	売買の「成立」を重視	「希望価格での購入」を重視
どんな注文か	株価の価格よりも売買を成立させることを優先する方法。売買価格を考えなくていい。	売買価格を自分で決め、注文を申込む方法。株価は自分で決める。
メリット	他の指値注文よりも優先されるので、約定の可能性が高くなる。	自分の決めた価格以下の株価でしか約定しないため、予想外の大損が起こりにくい。
デメリット	想定以上の価格で約定することがあり、損をする可能性は高くなる。	状況によっては約定しないことも多い。また、慣れないと価格設定に迷う。

また個別株を購入するときに最低限知っておかないといけないことに「成行注文」か「指値注文」があります。

指値注文とは自分で売買したい価格を決めて注文を出す方法のことです。買い注文は、指定した値段以下の注文が出れば約定でき、売り注文は、指定した値段以上の買い注文が出れば約定できます。一方、成行注文は「いくらでもいいから、この株がすぐ欲しい（または売りたい）」という買い方で、そのときの株価付近で約定する買い方になります。私は米国株を買うことが多いのでドル建てのまま「成行」で買うことが多いです。また、逆指値注文という方法もあります。

SBI証券で個別株を購入する方法

まずは「SBI証券 株」アプリを
ダウンロードしてスタート！

❶ スマホアプリでい付け！

アプリで楽々買い付け！
運用成果も確認可能。スマホで手軽に投資ができる

アプリで購入する場合

Step1

アプリメニューバー「検索」をタップ

Step2

「現物買」を選択（売る際は現物売）

Step3

条件を指定して購入へ

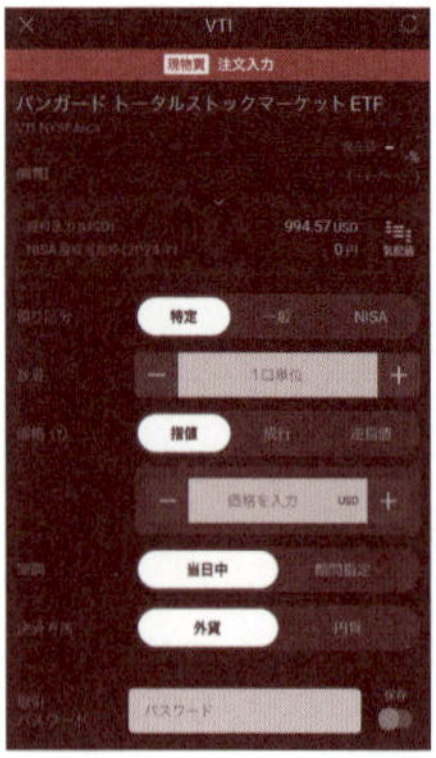

完了したらパスワード入力して購入へ！
私はドルを買って、成行・外貨決済で購入しているよ！

①預かり区分“NISA”

②口数を選ぶ

③買い方を選ぶ

・指値：購入価格を指定
・成行：価格指定せずその時の市場価格で取引
・逆指値：指定した価格以上になったら買う
※指値の場合だけ価格指定

④期間を選ぶ

・当日中：その日のみの注文
・期間指定：指定期間中で注文

⑤SBI証券なら為替手数料無料。NISAなら外国株式の買付手数料も無料

・外貨：手数料安めだが事前に外貨購入要
・円貨：簡易的だが為替手数料が割高

ブラウザで購入する場合

Step1

「SBI証券外貨商品取引」
で銘柄を検索

Step2

「現買」を選択（売る際は現売）

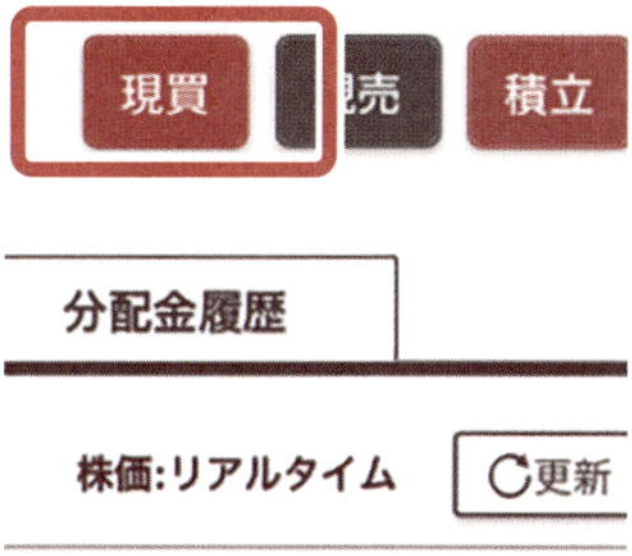

Step3

条件を指定して購入へ

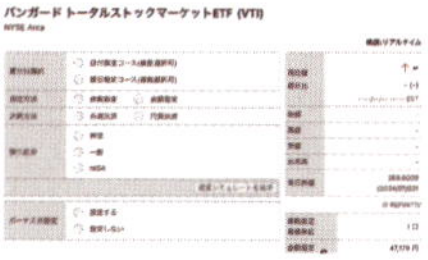

完了したらパスワードを入力して購入へ！
私はドルを買って、成行・外貨決済で購入しているよ！

①口数を選ぶ

②買い方を選ぶ

- 指値：購入価格を指定
- 成行：価格指定せずそのときの市場価格で取引
- 逆指値：指定した価格以上になったら買う

※指値の場合だけ価格指定

③期間を選ぶ

- 当日中：その日のみの注文
- 期間指定：指定期間中で注文

④預かり区分"NISA"

- 外貨：手数料安めだが事前に外貨購入要
- 円貨：簡易的だが為替手数料が割高

個別株もスマホアプリで簡単に購入できます。 実際に株を購入することで、 株の値動きをチェックするようになり、投資が身近になりますよ！

PayPay証券で個別株を購入する方法

Step1

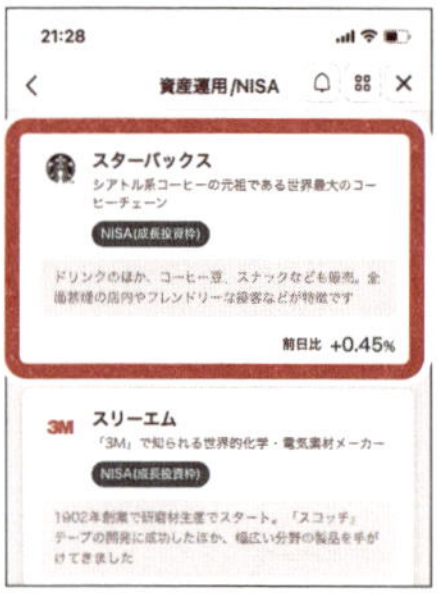

銘柄を選択する

Step2

つみたて・買うを選択

Step3

スポット購入なら
購入頻度1回を選択

Step4

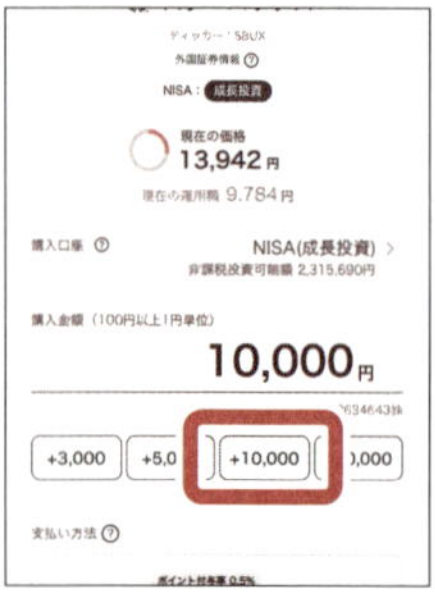

金額を指定して"購入内容を
確認する"を選択して購入

Step5

"購入する"をタップ

Step6

取引完了!

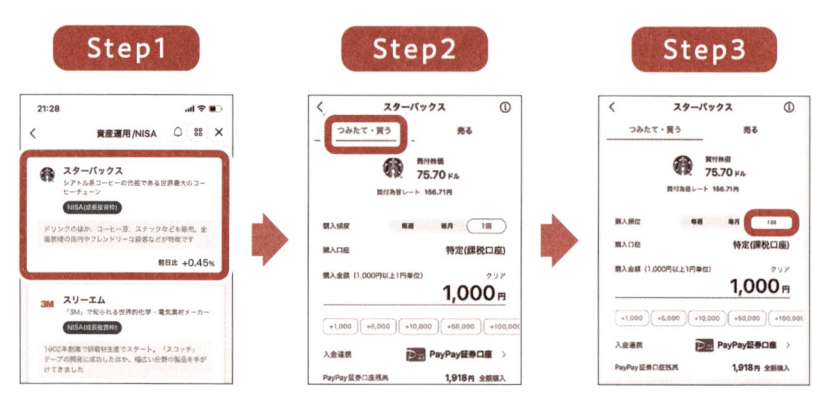

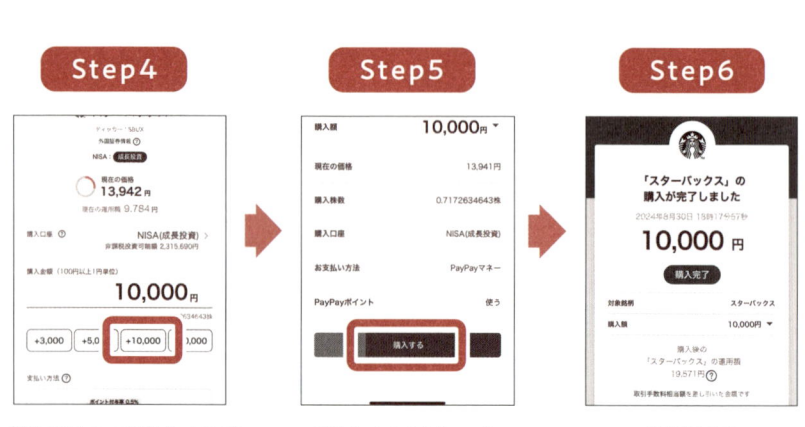

PayPay証券利用時の注意点

○ 米国株は時間帯によって手数料が変わるので、手数料が安い、米国の市場の開場時間に購入する

<米国株の買付手数料>

現地時間 9:30 ～ 16:00、 日本時間 23：30 ～ 6：00（夏時間：22：30～5：00）

→　基準価格に0.5%を乗じた価格

上記の時間外

→　基準価格に0.7%を乗じた価格

<日本株の買付手数料>

東京証券取引所の立会時間内

東京証券取引所開場日の 9時00分10秒～ 11時29分00秒、

12時30分10秒～ 14時59分00秒

→　基準価格に0.5%を乗じた価格

※投資信託の買い付け手数料は0円

私の場合、SBI証券とPayPay証券の使い分けは、1株が1万円以下の株はSBIで購入し、1万円以上する株はPayPay証券で購入するようにしています。

マイクロソフトなどは1株440ドル以上するので（2024年7月15日現在）、SBI証券での購入は難しいのですが、PayPay証券ならPayPayアプリ経由で100円から金額設定で購入できるので、PayPay証券で購入しています。

❷ 配当金や株主優待で選ぶ

株式投資で「配当金」がもらえる、と聞いたことがあると思います。私は投資信託による長期の分散投資に力を入れています。個別株も「応援したいからずっと持っていたい」という企業のみ株を買っています。そのため「配当金」目当てで株を買うことはあまりありませんが、それでも配当金が入るとちょっとしたお小遣いが入った気がしてうれしくなります。

そもそも配当金とは、**企業が得た利益を株主に分配するお金**のことで、支払われる金額や回数は企業ごとに異なります。配当金をもらう条件はそれほど厳しくなく、**権利付最終日にその企業の株を保有していれば配当金がもらえる仕組み**です。支払いのタイミングは年に1回の場合は本決算の後で、年に2回の場合は中間決算の後と、本決算の後になります。

配当金を狙う場合に着目する点は「利回り」です。**3%以上の利回りのものは高配当**とされますが、利回りが高すぎるものはその分リスクの高さも考える必要があります。配当金のことを考えるのであれば、過去の配当金推移をチェックし、安定して配当を出せている業績が堅調な企業かを確認しましょう。

配当金のチェックポイント

配当金＝1株あたりの配当金額×保有株数で決まります。また配当金は「単元未満株取引（S株やかぶミニ®）」でも獲得することができます。例えば、「日本たばこ産業」や「武田薬品工業」「ソフトバンク」などは数千円で単元未満株が購入できて、配当利回りも3~5%と高配当です。

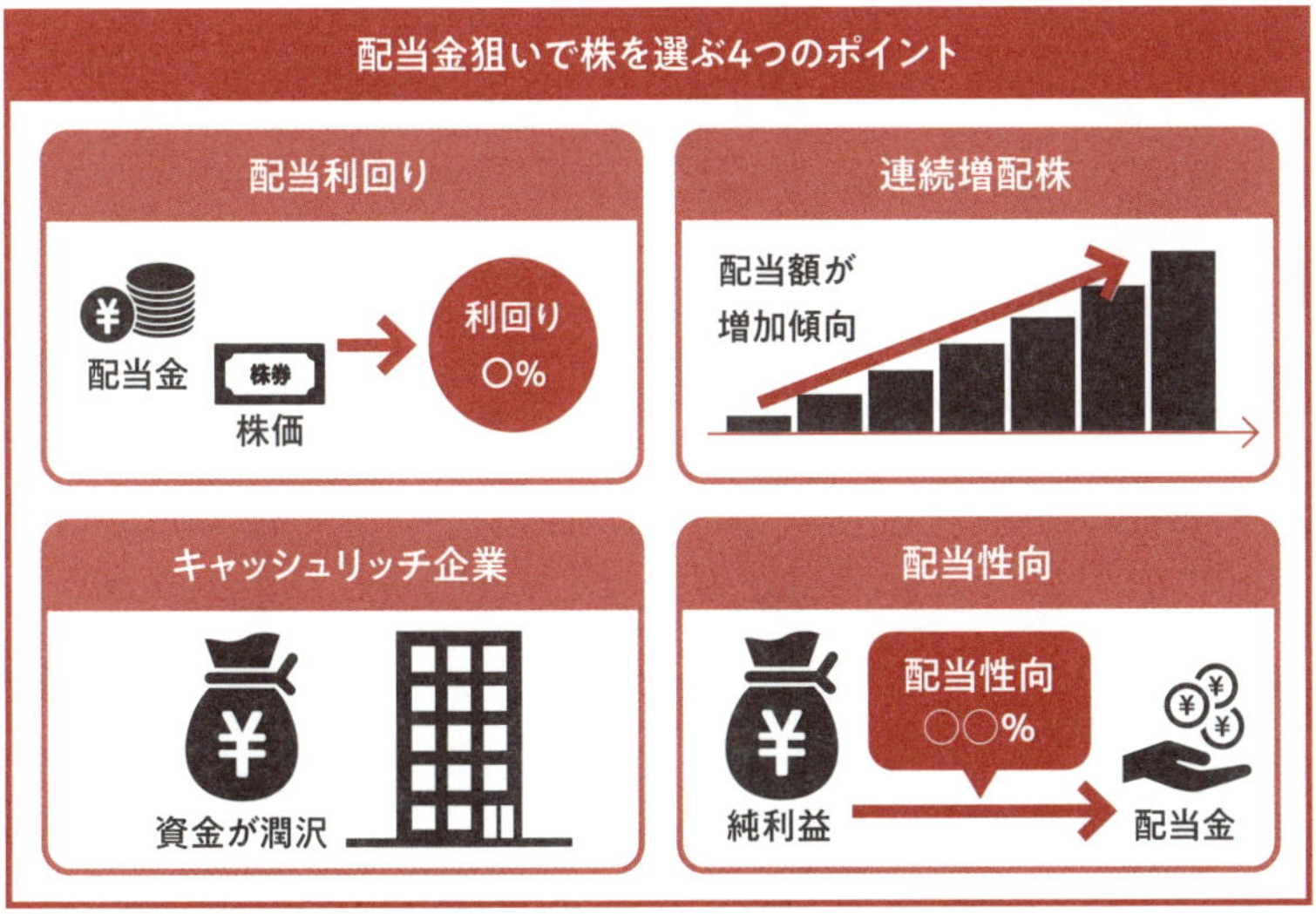

メリット

- □ 預金に比べて利回りが高い
- □ 配当と株主優待が受け取れる銘柄もある
- □ NISAの「つみたて投資枠」を使えば配当が非課税になる

デメリット

- □ 元本は保証されていない
- □ 無配当の可能性もある
- □ 購入のタイミングによって配当がもらえないこともある

日本独自のシステム「株主優待」ってなに？

株式投資に興味を持ちはじめるきっかけが「株主優待」である方もいるかと思います。確かにＳＮＳや他のメディアでも「株主優待でこんなにお得～！」という情報が流れると、ついつい皆さんもやってみたくなってしまうのではないでしょうか。

株主優待とは企業が**自社の株を購入してくれた株主に向けて、商品やサービスなどの「優待品」を贈る制度**で、日本にしかない制度です。自社サービスだけでなく、ＱＵＯカードやカタログギフトなどの場合もあります。ただし、株主優待を獲得するにはいくつかの条件を満たしている必要があります。また、上場しているすべての企業が株主優待を実施しているわけではありません。業績悪化やコスト削減などで株主優待が廃止されることもあります。実際、私がカタログギフト（47都道府県のギフトから選べる、ヨーグルトメーカーや海鮮漬け丼などをもらいました！）に惹かれて購入したオリックス株の優待も、２０２４年５月に廃止になりました。他にもこれまでに日本たばこ産業、マルハニチロなども株主優待が廃止になっています。

株主優待のもらい方と注意点

【株主優待のもらい方】

1. 銘柄から株主優待を実施している企業を選ぶ
2. 必要な株数を「権利確定日」の2営業日前まで（土日は営業日に含まれない）に購入しておく
3. 株主優待が届くのを待つ

【注意点】

□まとまった資金が必要

株主優待をもらうには、各企業が決めている最低保有株数を購入して「権利確定日」の2営業日前まで（土日は営業日に含まれない）に持っておく必要があります。日本株の購入単位は基本的に100株からなので、まとまった資金が必要になります。長期保有が条件の会社もあるので、条件は要確認。

□権利付き最終日に注意が必要

「株主優待」（配当金も）を受けるには、各企業が定めている「権利確定日」に株主として規定株数を保有しておく必要があります。株主として名簿に記載されるのは買った翌日から2営業日目ですから、権利確定日の2営業日前までにその企業の株を規定数購入しておく必要があります（土日祝は営業日に含まれない）。

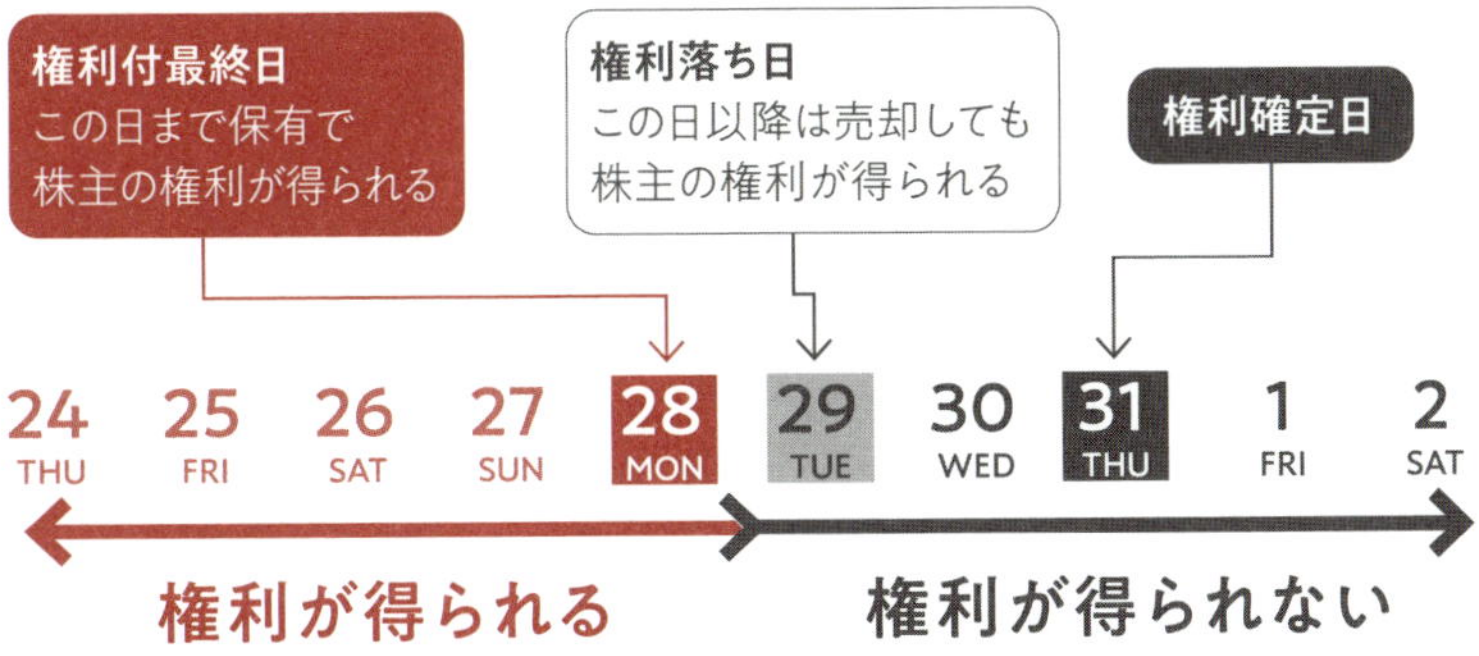

株主優待の注意点と、１株で優待が受けられる企業

最近は株主優待目的で株の購入を推奨する方もいますが、個人的に、優待目的で株を買うことはおすすめしていません。まずは、その企業がどんな企業なのかをきちんと調べること、そしてやはり「応援したいと思えるか」が大切です。優待目的のみで株を購入してしまうと、**株主優待制度が途中で廃止され優待を受けられなくなることもありますし、長期保有でもらえるようになるなど、条件が変わることもあります。もちろん企業株価が下がって資産が目減りすることもあります**。ですが、自分が調べて応援したいと思える企業かつ余剰資金であれば、そこまでがっかりせずにいられます。

株主優待について勉強したい、挑戦してみたいのであれば、**１株の保有でも優待が受けられる企業があるので、そのあたりからはじめるのはよいと思います**。

例えば家電量販店の「Ｊｏｓｈｉｎ」（上新電機※銘柄コード８７１３）は、１株約２０００円で購入できて５０００円分の優待券がもらえます（使用条件は２０００円の買い物ごとに２００円分の優待券使用可能。２０２４年７月時点の株価）。Ｊｏｓｈｉｎのネットショップでも使えるので、お得な１株優待になります。

※上場企業すべてに割り振られている4桁の番号

少ない資金でも株主優待がもらえる企業5選

1株（資金は数千円単位）でも株主優待が受けられる企業もありますが、ここではあえて5万円まで資金を上げて選択肢を広げると、どんな株主優待がもらえるかをご紹介します。

企業名	最低必要資金（目安）	優待内容
アイスタイル（3660）(@COSMEの企画、運営会社)	4万6800円	@コスメで利用ができる6400円相当の優待
トラスト（8508）（銀行業、保証事業、ファイナンス事業）	4万1900円	痩身・美肌・脱毛のDSクリニックで3万円相当の施術利用券
エム・エイチ・グループ（9439）（美容室「モッズ・ヘア」の運営事業）	2万300円	公式オンラインストア「M・H・GROUP WEB STORE」で利用可能な優待券3500円相当
クラダシ（5884）（「日本で最もフードロスを削減する会社」を掲げ、フードロス削減を目指し、消費可能だけれど通常の流通ルートで販売が困難な商品を買取り、販売）	3万2100円	2000円相当のギフトカード「Kuradashi Gift」
ツカダ・グローバルホールディング（2418）（ウエディングハウスのパイオニア、ブライダル事業など）	4万8000円	レストランなどの飲食代金の20～30%割引または、ホテルの宿泊優待割引、はホテル インターコンチネンタル 東京ベイ等で利用可能なレストラン飲食割引券がもらえる。

※（）内の4桁の数字は銘柄コードになります。
（2024年7月15日現在）

りぃの「推し優待」はこちら

○ 日本マクドナルドホールディングス（67万円）

フードやドリンクのクーポン冊子がもらえて、無料クーポンでバーガー類やサイドメニューなどが食べられる。1年以上、100株以上保有で対象（持ち株数で変動）。

○ 日本管財ホールディングス（27万円）

100株以上保有で2000円～のカタログギフトが年2回もらえる（保有年数で変動）。選べる優待が秀逸、私は大好きな香川県の鎌田醤油をGET。これひと品で肉じゃがの味も決まります（商品の内容は変更となる場合があります）。

○ トリドールホールディングス（38万円）

大好きな丸亀製麺でも使える食事券3000円分が年2回、100株保有からもらえる（持ち株数で変動）。

○ コメダホールディングス（26万円）

コメダ珈琲店で使えるプリカ1000円分が年2回、100株保有からもらえる。議決権行使でさらに500円分が追加でがもらえる隠れ優待も有名（保有年数で変動）。

○ すかいらーくホールディングス（21万円）

グループ系列店で使える株主優待カード2000円分が100株以上保有でもらえる（持ち株数で変動）。

※2024年7月15日時点

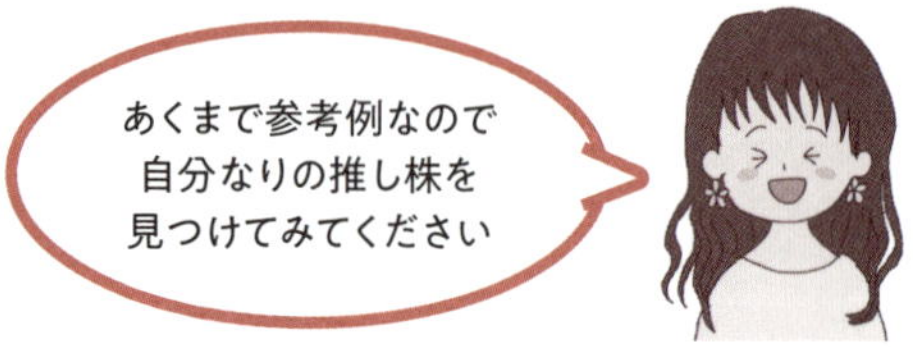
あくまで参考例なので
自分なりの推し株を
見つけてみてください

CHAPTER

5

月1万5000円の食費でしっかり堪能できちゃう!コスパテク&楽うまレシピ

楽しみながら食費を抑えるための

5つのポイント

実は、日々の生活の中で最も節約できるのが食費です。とはいえ、単純に低コストで寂しい食生活を送るのでは長続きしません。そこで、胃も心も満足しながら無駄をなくし、満喫しながら食生活を楽しむためのりぃ流食事テクを大公開。

POINT1 食材は1週間分をまとめ買い

1週間に何度もスーパーに足を運んでしまうと、「せっかくだから」「割引されていたから」と無意識のうちについで買いをしやすくなります。まだ使い切れていない食材があるのに、他の食材を買い足すなんてことも増え、最後まで食べきれずにダメにしてしまうことも……。1週間で使い切れる分だけの食材を週1回購入すると決めれば、効率的なだけでなく、しっかり節約もできます。

POINT2 夕食のおかずをお弁当に応用

お肉やお魚などメインの食材を週末少し多めに購入し、2人分を夕食時に一度に調理し、残りは翌日のお弁当のおかずとして活用しましょう。常備菜との組み合わせでアレンジすれば、ランチ代が抑えられるだけでなく、一度の調理で済むので、手間と光熱費を減らすことができます。

POINT3 ふるさと納税で贅沢ご飯を満喫

何かと役立つふるさと納税。自分へのご褒美にちょっと贅沢できる食材をセレクトしてみましょう。ふるさと納税の返礼品の中にはA5ランクの和牛やブランド国産豚、いくらやホタテといった高級食材も豊富にあるので、それらをセレクトして、ときどき贅沢ディナーを満喫するのも手です。

POINT4 調味料や乾物はウエル活で

食費の中で思った以上に費用がかさむのが塩や醤油、油、みりんなどの調味料。ドラッグストアのウエルシアでは、シャンプーや洗剤といった生活用品だけでなく、お菓子や味噌などの食料品も販売されています。生活用品の購入で貯まったポイントを活用し、賞味期限の長い乾物や調味料を揃えましょう。

POINT5 友だちとの夕食はおうち居酒屋で

友だちとの外食はランチがおすすめとお伝えしましたが、時には夜集まってじっくり楽しみたいもの。そういう場合は、おうち居酒屋を開催しましょう。あるいはホットプレートでお好み焼きやたこ焼き、パエリアなどを友だちと一緒に調理すれば、見た目も豪華で楽しめます。

少ない食材で大満足！

1週間レシピと買い物テク

冷蔵庫の中を整理して、無駄な二重買いをなくす！

毎月の食費を決められた金額内でしっかり収めるためには、右ページでも紹介したように、週1回の買い出しで「ついで買い」を抑制することがとても大切です。それと同時に、ぜひ気をつけてほしいのが、食材や調味料の二重買い。実はまだストックがあるのに、うっかり新しいものを購入してしまったなんて経験をしたことありませんか？　これは冷蔵庫の中身をしっかり把握していないために起こるミス。週1回の買い物をする前に、まず冷蔵庫の中身をチェックして、必要なものは何かをメモしておくことが大切です。ただし、このチェックも冷蔵庫の中がぐちゃぐちゃになっていたのでは、奥の方にある使いかけの食材や調味料を見逃してしまいます。後から、「なんだ、まだここにストックがあったんだ」なんてことにならないよう、日ごろから冷蔵庫の中を整理し、「見える化」しておけば、無駄な二重買いを防ぐことができますよ。

アレンジいろいろ1週間レシピ

主力の2食材に別の食材をちょこっと追加していくだけで、1週間分の夕飯が堪能できます。

この2食材の両方またはどちらかをメインで使用

豚ひき肉

塩こしょう+醤油でそのまま焼いてご飯の上にのせるだけでもおいしい豚ひき肉は、こねて成形すれば、ハンバーグやつくねなどのメインディッシュになり、デミグラスソースなどと合わせれば具沢山ソースとしても活用できます。多めに購入し、3日以内に使用しない分は1回分ごとに小分けして冷凍保存しましょう。お弁当のおかずとしても大活躍してくれます。

木綿豆腐

たんぱく質が豊富な豆腐はコスパ面だけでなく、健康面でも役立つ優れもの。定番の味噌汁の具材としてだけでなく、水切りをして使用すれば、お肉のかさ増し食材としても大活躍してくれます。また野菜と一緒に炒めたり、ピリ辛ソースで煮込んだりすることでメインの食材にもなる役立つひと品。種類は形くずれしにくく、食感も楽しめる木綿を選ぶのがおすすめです。

月曜日

ボリューム満点なのにヘルシー
ふんわり食感のかさ増しハンバーグ

【メイン食材】豚ひき肉+木綿豆腐

追加食材はコレ!

玉ねぎ

材料 2人分

※お弁当分も考えて
2人分を調理

- 豚ひき肉…100g
- 木綿豆腐…1/2丁
- 玉ねぎ…1/4個

A

- 片栗粉…大さじ 2
- チューブにんにく… 1 cm
- 塩、こしょう…各適量

ソース

- トマトケチャップ…大さじ 2
- ウスターソース…大さじ 2
- チューブにんにく… 1 cm

つくり方

1. 豆腐はペーパータオルで包み、重しをして、20分ほどおき、しっかり水を切る。
2. ボウルに豚ひき肉と1、みじん切りにした玉ねぎを入れて混ぜ合わせる。
3. 2 にAを加えて混ぜ、よくこねてから4等分にし、小判形に成形する。
4. フライパンに油大さじ 1（分量外）をひき、中火で3 の両面をしっかり焼く。
※途中蓋をして、少し蒸し焼きにすればふっくら感がでる。
5. 4を皿に盛り、フライパンにソースの材料を入れて強火で軽く煮立ててから、ハンバーグの上にかける。

火曜日

味しみしみで野菜も堪能
豆腐とにんじんのチャンプルー

【メイン食材】木綿豆腐

追加食材はコレ!

にんじん

ニラ

材料 1人分

- 木綿豆腐…1/2丁
- にんじん…１本
- ニラ…1/3袋（約30g）
- ごま油…適量

A

- 酒…大さじ１
- 醤油…大さじ１
- 塩、こしょう…各適量

つくり方

1. 豆腐はペーパータオルに包み、重しをして、20分ほどおき、しっかり水を切る。
2. にんじんは細切り、ニラは長さ2cm、豆腐はひと口大に切る。
3. フライパンに油大さじ１（分量外）をひいて中火で熱し、２とAを入れて炒める。
4. 仕上げにごま油を回しかける。

水曜日

包む手間なし!　食べ応えばっちり
油揚げ餃子 【メイン食材】豚ひき肉

追加食材はコレ!

油揚げ

にら

玉ねぎ

材料 1人分

- 油揚げ…2枚
- 豚ひき肉…50g
- ニラ…1/2袋（約50g）
- 玉ねぎ…1/2個
- 水…小さじ 1
- ごま油…適量

A
- 味噌…大さじ 1
- ごま油…小さじ 2
- チューブにんにく…1 cm
- 塩、こしょう…各適量

つくり方

1. 油揚げは半分に切って開く。
2. ニラと玉ねぎはみじん切りにする。
3. 2 と豚ひき肉を混ぜ、 Aを加えてよくこねる。
4. 1の油揚げの中に 3 を入れ、開き口を爪楊枝でとめる。
5. フライパンに油大さじ1（分量外）をひき、中火で熱し、4 を入れて両面を焼いたら水を入れて蓋をし、中火で蒸し焼きにする。
6. 蓋をとり、水分を飛ばしたら、両面に焼き目がつくようカリッと焼き上げる。最後にごま油を回しかけ、風味をつける。

木曜日

お肉のうまみたっぷり！
ミートナポリタン

【メイン食材】豚ひき肉

追加食材はコレ!

スパゲッティ

材料 1人分

- 豚ひき肉…100g
- スパゲッティ…100g
- パセリ…適量

A

- トマトケチャップ…大さじ1
- ウスターソース…大さじ1/2
- コンソメ顆粒…小さじ 1
- チューブにんにく… 1 cm

つくり方

1. フライパンに油大さじ1（分量外）をひき中火で熱し、豚ひき肉を炒めソースをつくる。
2. 鍋に湯を沸かし、塩（分量外）を加え、パッケージに書かれた時間でスパゲッティを茹でる。
3. 1 にAの材料を入れ、軽く炒めてソースをつくる。
4. 3に2 のスパゲッティを入れ、ソースと絡める。
5. 皿に 4 を盛りつけ、パセリを飾る。

金曜日

ワンプレートで楽しめる
カフェ風メニュー
ドライカレー 【メイン食材】豚ひき肉

追加食材はコレ!

玉ねぎ 

にんじん 

卵 

材料 1人分

- 豚ひき肉…100g
- 玉ねぎ…1/2個
- にんじん…1/2本
- 卵… 1 個
- ご飯…200g
- パセリ…適量

A
- 酒…大さじ 2
- カレー粉…大さじ 1と1/2
- ウスターソース…大さじ1/2
- トマトケチャップ…大さじ 1
- 醤油…小さじ 1
- 砂糖…小さじ 1
- コンソメ顆粒…小さじ 1
- チューブにんにく… 1 cm

つくり方

1. 鍋にたっぷりの水（分量外）を入れ、湯を沸かす。
2. 1 が沸騰したら、おたまに卵をのせ、鍋の中にそっと入れる。
3. 卵を6、7分茹でたら、鍋から取り出し、氷水につける。
4. 玉ねぎとにんじんはみじん切りにする。
5. 豚ひき肉は軽く湯通しし、余分な脂を取り除く。
6. フライパンに油大さじ1（分量外）をひいて中火で熱し、4 を炒める。
7. 6 に5 とAを加えて中火で炒める。
8. 皿にご飯を盛り7 をのせ、3 の半熟卵をのせ、パセリを飾る。

土曜日

甘辛テイストでご飯がすすむ
即席！麻婆豆腐

【メイン食材】木綿豆腐

追加食材はコレ！　長ねぎ

材料 1人分

- 木綿豆腐…1丁
- 豚ひき肉…50g
- 長ねぎ…1/2本
- 水溶き片栗粉…小さじ2
（水、片栗粉ともに小さじ2を混ぜる）
- ごま油…大さじ1
- ラー油…適量

A
- 醤油…大さじ2
- 酒…大さじ1
- 豆板醤…小さじ1
- チューブにんにく…1cm
- チューブしょうが…1cm

つくり方

1. 豆腐は2cm角に切り、長ねぎはみじん切りにする。
2. フライパンに油大さじ1（分量外）をひき中火で熱し、長ねぎと豚ひき肉を炒める。
3. 2に、混ぜ合わせたAを入れて中火で炒める。
4. 3に豆腐を入れてさらに炒める。
5. 4に水溶き片栗粉を回し入れ、ひと煮立ちさせる。
6. 仕上げに、ごま油を回しかけ、ラー油をふりかけ、好みの辛さに調節する。

日曜日

やさしい味わいに
ピリ辛アクセントがたまらない
豆腐明太グラタン

【メイン食材】木綿豆腐

追加食材はコレ!

辛子明太子 

チーズ 

卵 

材料 1人分

- 木綿豆腐…1丁
- 辛子明太子…1本
- 卵…1個
- ピザ用チーズ…適量
- 刻みのり…適量
- 青ねぎ…適量

A

マヨネーズ…大さじ2
豆乳…大さじ2
めんつゆ(2倍濃縮タイプ)…大さじ1

1. 豆腐はペーパータオルで包み、重しをのせて、20分ほどおき、しっかり水を切る。
2. 豆腐、明太子、卵をAと混ぜる。このとき豆腐が細かくならないよう注意する。
3. 耐熱容器に2を入れ、その上にピザ用チーズをのせ、250℃のトースターで10分ほど焼く。
4. みじん切りした青ねぎと、刻みのり、辛子明太子適量をトッピングする。

友だちを呼んで

おうち居酒屋を楽しもう！

友だちとのディナーは外食ではなく、おうちで開催するのがおすすめ。低コストに抑えられるだけでなく、ゆったりくつろげるので、きっと話も盛り上がりますよ。

ホットプレートでパーティー気分を楽しもう！

おうち居酒屋で大活躍するのがホットプレート。

焼き肉やお好み焼きだけでなく、シーフードミックスを使ってシーフードパエリアをつくれば豪華なディナーが味わえます。

また通常の平プレートの他に、たこ焼きも楽しめるタイプのものを購入しておけば、いろいろなバリエーションの料理がつくれますよ。

たこ焼きプレートでは、たこだけでなく、ウインナーやチーズなどの変わり種を入れて楽しむのもおすすめ。ほどよい深さがあるので、たっぷり入れたオリーブオイルに塩、鷹の爪を加えて、エビやブロッコリーを入れれば、超簡単アヒージョができます。

かしこまったおもてなし料理ではなくても、友だちと一緒につくりながら楽しみましょう。

たこ焼き&アヒージョ

シーフードパエリア

漬けて冷凍するだけ

時短&節約の強い味方、
鶏むね肉のアレンジレシピ

何かと忙しい日のお役立ちレシピとして紹介したいのが、 鶏むね肉の漬け置きです。「鶏むね肉」と聞くと、 パサつくイメージがある人も多いと思いますが、 調味料に漬け込んで寝かせることで、 しっとりジューシーな食感が楽しめるようになります。 フリーザーバッグに入れて下味冷凍しましょう。 1か月ほど保存できますよ。 鶏むね肉は高たんぱく、 低脂質なのでとってもヘルシー。時短でおいしく健康に食べられるので一石三鳥です。

基本は解凍して焼くだけ。

下準備はとっても簡単。鶏むね肉をひと口大に切ったら、フリーザーバッグに入れ、 その中につくったタレを加え、よく揉んでから冷凍庫で保存すればしっかり漬け込むことができます。 後は食べたい日に解凍してタレと鶏むね肉が絡まるようフリーザーバッグに片栗粉大さじ 3 を入れ、よく混ぜたら、油大さじ 1 をひいたフライパンで焼くだけ。

また、漬け込む用の鶏むね肉は業務用スーパーなどで売られている 2 kgパックのものを購入すれば、コストも低く抑えられますよ。

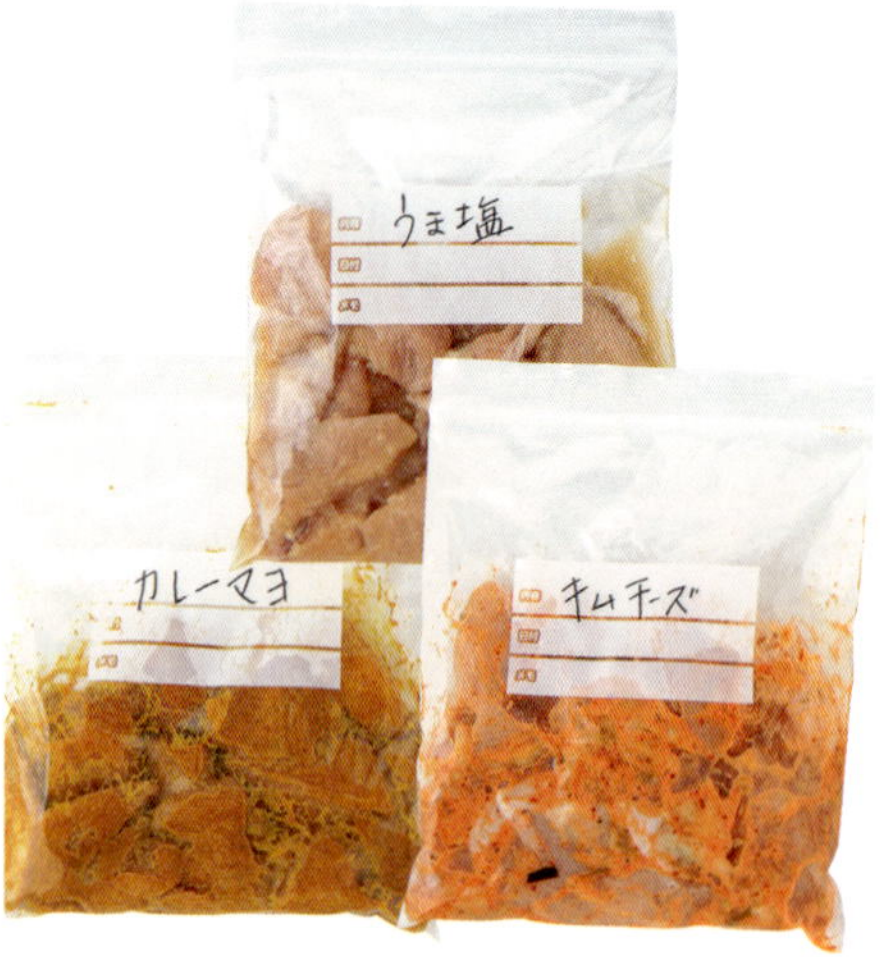

今回紹介する3種の味以外にも、 トマトケチャップ&マヨネーズや焼肉のタレに漬け込むなどバリエーションはいっぱい。 自分なりのアレンジを研究するのも楽しいですよ。

定番人気の
うま塩味

・鶏むね肉…250g　・片栗粉…大さじ 3

漬け込みタレ 酒…大さじ 2　ごま油…大さじ 1　鶏ガラスープの素…小さじ 2　砂糖…小さじ 1　塩…小さじ 1/4　チューブにんにく…1cm

調理ポイント 下味保存のフリーザーバッグに片栗粉を入れ、タレと鶏むね肉をよく揉み込んでからフライパンで焼く。

発酵パワーで柔らかジューシー
キムチーズ

・鶏むね肉…250g　・片栗粉…大さじ 3

漬け込みタレ 白菜キムチ…100gくらいお好みで（ひと口大に刻む）酒…大さじ 1　マヨネーズ…大さじ 1　砂糖…小さじ 1

調理ポイント 1. 下味保存のフリーザーバッグに片栗粉を入れ、タレと鶏むね肉によく揉み込んでからフライパンで焼く。 2. ある程度火が通ったら、チーズ（適量）を上からかけ、溶けてきたらできあがり。

フォロワーさんから大好評
カレーマヨ味

・鶏むね肉…250g　・片栗粉…大さじ 3

漬け込みタレ カレー粉…大さじ 2　酒…大さじ 1　マヨネーズ…大さじ 1　醤油…小さじ 1

調理ポイント 下味保存のフリーザーバッグに片栗粉を入れ、タレと鶏むね肉をよく揉み込んでからフライパンで焼く。

あると便利な常備菜を週末につくり置きしておこう!

野菜をメインにした常備菜を用意しておけば、朝のちょこっとおかずになるだけでなく、お弁当の色どりや夕食の副菜にと大活躍してくれますよ。保存は冷蔵庫で3~4日、冷凍で1か月が目安になります。

役立つおすすめ常備菜4選

Ⓐほうれん草のナムル

1人分

材料 ほうれん草…1束　A:[鶏ガラスープの素…大さじ1　ごま油…大さじ1]　白ごま…適量

つくり方 1. ほうれん草は2~3分茹でる。2. 1の水気をしっかり絞り、4~5cm幅に切り、ボウルに入れ、Aを加えてしっかり混ぜる。最後にごまをふる。

Ⓑにんじんツナしりしり

1人分

材料 にんじん…1本　ツナ缶…1個(ノンオイルタイプ・70g)　[A:酒…小さじ2　醤油…小さじ1　みりん…小さじ2　顆粒だし…小さじ1/2]　ごま油…小さじ2

つくり方 1. にんじんは千切りにする。2. フライパンに油大さじ1(分量外)をひき、にんじんがしんなりするまで中火で炒める。3. ツナ缶のツナとAを入れ水気がなくなるまで炒め、ごま油を回しかける。

Ⓒブロッコリーのかつお節和え 1人分

材料 ブロッコリー…200g　A：[めんつゆ(2倍濃縮タイプ)…大さじ1　水…大さじ2]　かつお節…適量

つくり方 1. ブロッコリーはひと口大に分ける。2. ボウルに入れ、水(分量外)を適量かけてラップをし、500Wの電子レンジで2分ほど加熱する。3. ブロッコリーが柔らかくなったらAを混ぜ、最後にかつお節をふりかける。

Ⓓ玉ねぎとしめじのポン酢炒め 1人分

材料 しめじ…1パック　玉ねぎ1/2個　A：[ポン酢…大さじ1　チューブにんにく…1cm]

つくり方 1. くし形切りにした玉ねぎを油大さじ1(分量外)をひいたフライパンで中火で炒め、ある程度火が通ったら、ほぐしたしめじを入れ、炒める。2. 具材がしんなりしてきたらAを入れてさらに炒める。

夕食のおかずや、ストック用の鶏むね肉と合わせて、簡単お弁当のできあがり!

常備菜＋漬け込み鶏むね肉

※ご飯は玄米を使用

❶常備菜Ⓓ
❷常備菜Ⓒ
❸常備菜Ⓑ
❹P155の定番人気のうま塩味

常備菜＋多めにつくった夕食のおかず

❶常備菜Ⓑ
❷P148の油揚げ餃子
❸常備菜Ⓐ

おわりに

最後まで読んでいただき、ありがとうございます。

キャッシュレス決済は便利だけれど、その分きちんと管理しておかないと無意識に使ってしまうのが怖いところ。ただ、現金と違いポイントが貯まったり、利用時に記録がなされるため不正行為防止になったりするという長所もあります。

キャッシュレス化が進みつつある時代だからこそ家計管理の意識を持ち、今どきの、お金を育てるためのノウハウをひとりでも多くの方にお伝えすることができればと思い、この本を書かせていただきました。

ただ、私の場合お金を育てるといっても、心が貧しくなるほど節約する方法は性に合わないので、お金を使うところ、使わないところをはっきりさせて自分のときめきと大切な人との時間に重きを置きながらできる家計管理をセレクトしています。

また資産を増やすにしても、欲しい商品やサービスはポイ活を活用してお得に楽しんでさらにポイントを貯めたり、推し株や積立投資でゆるく自分の資産を増やしたりと、ゲーム感覚で日々実践しています。

お金を育てることは、将来の自分を幸せにするために必要なステップです。お金はただの手段です。しかし、未来は今の延長にあります。

今の生活が我慢の連続では一生〝今〟を楽しめません。

おしゃれも趣味も楽しみたいし、大好きな人たちとおいしいものも食べたい！

やりたいことに優先順位をつけつつ、楽しくお金と向き合えたら、心豊かに理想の人生を生きられるのではないでしょうか。

本書を作成するにあたり、多くの方々にお世話になりました。本当にありがとうございました。

この本が皆さんにとってお金と楽しく向き合うためのきっかけになれば幸いです。

2024年　8月　りぃ

りぃ

20代。FP（ファイナンシャル・プランナー）2級取得。Instagramを中心に、アラサー手取り18万で家計管理、ポイ活、お金の制度、投資を駆使しながら年100万円貯蓄するためのノウハウを投稿し、人気を博している。

Instagram：@rii_nstagram

手《て》取《ど》り18万円《まんえん》でも年《ねん》100万円《まんえん》貯《た》まる!
キャッシュレス時《じ》代《だい》に完全対応《かんぜんたいおう》

今《いま》どき女《じょ》子《し》のための お金《かね》の育《そだ》て方《かた》

2024年9月28日　初版発行

著　者　りぃ

発行者　山下直久

発行　株式会社KADOKAWA
〒102-8177 東京都千代田区富士見2-13-3
電話：0570-002-301（ナビダイヤル）

印刷所　大日本印刷株式会社

製本所　大日本印刷株式会社

●お問い合わせ
https://www.kadokawa.co.jp/
（「お問い合わせ」へお進みください）
※内容によっては、お答えできない場合があります。
※サポートは日本国内のみとさせていただきます。
※Japanese text only

定価はカバーに表示してあります。

ISBN 978-4-04-607110-1　C0077